18歳選挙権に向けて

主権者教育のすすめ

先生・生徒の疑問に
すべてお答えします

明治大学特任教授　藤井　剛 著

清水書院

18歳選挙権に向けて　主権者教育のすすめ　付録《特別寄稿》

初の「18歳選挙権」選挙が終わって

明治大学特任教授　藤井　剛

　2016年7月10日に参議院議員選挙が行われました。ここでは18歳選挙権に絞って今回の選挙を考えてみましょう。
　大きく報道されましたように、総務省の行ったサンプル調査では、18歳の投票率は51.17％、19歳の投票率は39.66％でした。この投票率が高いか低いかはさておき、なぜ18歳と19歳でこのような差が出たのでしょうか？

1．主権者教育実施状況調査（文科省）から
　先日、文部科学省から主権者教育実施状況調査の結果が発表されました。
　資料①にあるように、昨年度(平成27年度)の3年生には94.4％の学校が「主権者教育を行った」と回答しています。
　私はこの数字は眉唾だと思っていました。「副教材の配付」が12月、その頃は期末考査の時期です。期末考査後、3年生は調査書の作成などでドタバタのはずです。ましてや新年に入り、進学者が多い学校はセンター試験、出願などが重なり、就職が多い学校でも最後の学年末考査への取り組みや、卒業後の指導など大忙しだったはずです。そのようななかで、主権者教育を行う時間は

資料①＜平成27年度第3学年以上生徒（卒業生など）の状況について＞
平成27年度第3学年以上の生徒における主権者教育の実施状況（全体）

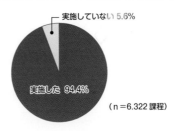

(n＝6,322課程)

あったのでしょうか？　私は、学年集会などで3年生を集めて、副教材を読ませながら「公職選挙法や選挙の具体的な仕組み」を解説しただけではないかと考えていました。そのことは実施状況調査における **資料②**〈取り組みの内容について〉の「②具体的な指導内容」で「公職選挙法や選挙の具体的な仕組み」を解説した学校が89.4％にのぼっていることから推察されます。このように時間がない中で、「とにかく『主権者教育』をやった」ことになっている学年が、総務省の調査にあらわれた19歳なのだと思います。

　その19歳に対して、現在の高校3年生（18歳）は、4月から「7月には参院選がある」ことが前提となっていました。学校としては、限りある時間を使いながら「主権者教育」を試行錯誤しながら行ってきた学年だと思います。

　次のページの**資料③**は、同じ文科省のアンケートですが、平成28年度の3学年にどのような主権者教育を行うかとの問に対する回答です。〈取り組みの内容について〉の「②具体的な指導内容」で「現実の政治的事象についての話し合い活動」が、昨年度の20.9％から30.3％になっていますし、「模擬選挙等の実践的な学習活動」も、昨年度の29.0％から39.7％になっています。また、「④指導に当たっての連携状況」では、「関係団体・ＮＰＯと連携」が、昨年度の3.6％から6.0％に増えています。このことからも、今年度に入り、多少時

資料②＜取り組みの内容について＞

② 具体的な指導内容

1. 公職選挙法や選挙の具体的な仕組み　89.4
2. 現実の政治的事象についての話し合い活動　20.9
3. 模擬選挙等の実践的な学習活動　29.0
4. その他　8.2

④ 指導に当たっての連携状況

1. 選挙管理委員会と連携　30.7
2. 関係団体・NPOと連携　3.6
3. 連携してない　66.7

間や余裕がでてきた学校は、現実の政治を分析させたり、ＮＰＯとの連携を行ったりと、具体的な政治を扱う「主権者教育」を行うようになったと考えられます。このことが、18歳と19歳の投票率の差となって現れたのではないでしょうか？

別の視点から考えてみましょう。18歳がメディアに注目されていたこともあげられます。私の勤務する大学の学生も、投票所に行くとき「取材されないかなあ」「テレビに映ったらどうしよう」と考えながら投票所に向かった、と言っていました（笑）。若い世代は注目されたり褒められたりすると強く行動に移ることが多々あります。まさしくメディアによって投票率が上がったこともあるでしょう。

さらに学校の先生方も、高校生の背中を押したと思います。投票日の前日などに、「さあ、いよいよ初めての18歳選挙権だ！ 投票所に足を運ぶんだぞ！！」と帰りのホームルームなどで話していただけたのではないですか？ある学校では、期末考査明けの7月10日は、外部の模擬テストが実施されていて、テスト終了後、「下校しながら投票しましょう！！」との校内放送が流れたそうです（笑）！

18歳の投票率については、以上のような努力のたまもの、と分析することが出来ます。

資料③＜取り組みの内容について＞

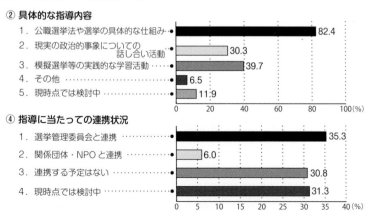

２．主権者教育の今後

　さて、学校も文科省も、この投票結果に胸をなで下ろし、ホッとしていると思います。しかしこの結果で満足すべきなのでしょうか？　昭和42年の20歳代の投票率は70％後半でした。一番怖いことは、学校や文科省が「このくらいの主権者教育を行っていれば大丈夫なんだ」という気持ちになることです。この投票率を足がかりにして、さらに投票率を上げるために、現実の政治現象を取り上げ、考えさせ、討論させる教材をさらに開発し、実践して検証し、まわりの学校と交換し合うことが求められていると思います。

　このように考えていくと、主権者教育は始まったばかりで、これからが本当の勝負になると思っています。

『18歳選挙権に向けて　主権者教育のすすめ』付録《特別寄稿》

清水書院　2016年7月

18歳選挙権に向けて　主権者教育のすすめ　付録《特別寄稿》

初の「18歳選挙権」選挙が終わって

明治大学特任教授　藤井　剛

　2016年7月10日に参議院議員選挙が行われました。ここでは18歳選挙権に絞って今回の選挙を考えてみましょう。

　大きく報道されましたように、総務省の行ったサンプル調査では、18歳の投票率は51.17％、19歳の投票率は39.66％でした。この投票率が高いか低いかはさておき、なぜ18歳と19歳でこのような差が出たのでしょうか？

1．主権者教育実施状況調査（文科省）から

　先日、文部科学省から主権者教育実施状況調査の結果が発表されました。

　資料①にあるように、昨年度（平成27年度）の3年生には94.4％の学校が「主権者教育を行った」と回答しています。

　私はこの数字は眉唾だと思っていました。「副教材の配付」が12月、その頃は期末考査の時期です。期末考査後、3年生は調査書の作成などでドタバタのはずです。ましてや新年に入り、進学者が多い学校はセンター試験、出願などが重なり、就職が多い学校でも最後の学年末考査への取り組みや、卒業後の指導など大忙しだったはずです。そのようななかで、主権者教育を行う時間は

資料①＜平成27年度第3学年以上生徒（卒業生など）の状況について＞

平成27年度第3学年以上の生徒における主権者教育の実施状況（全体）

あったのでしょうか？　私は、学年集会などで3年生を集めて、副教材を読ませながら「公職選挙法や選挙の具体的な仕組み」を解説しただけではないかと考えていました。そのことは実施状況調査における **資料②**〈取り組みの内容について〉の「②具体的な指導内容」で「公職選挙法や選挙の具体的な仕組み」を解説した学校が89.4％にのぼっていることから推察されます。このように時間がない中で、「とにかく『主権者教育』をやった」ことになっている学年が、総務省の調査にあらわれた19歳なのだと思います。

その19歳に対して、現在の高校3年生（18歳）は、4月から「7月には参院選がある」ことが前提となっていました。学校としては、限りある時間を使いながら「主権者教育」を試行錯誤しながら行ってきた学年だと思います。

次のページの**資料③**は、同じ文科省のアンケートですが、平成28年度の3学年にどのような主権者教育を行うかとの問に対する回答です。〈取り組みの内容について〉の「②具体的な指導内容」で「現実の政治的事象についての話し合い活動」が、昨年度の20.9％から30.3％になっていますし、「模擬選挙等の実践的な学習活動」も、昨年度の29.0％から39.7％になっています。また、「④指導に当たっての連携状況」では、「関係団体・ＮＰＯと連携」が、昨年度の3.6％から6.0に増えています。このことからも、今年度に入り、多少時

資料②〈取り組みの内容について〉

② 具体的な指導内容

項目	％
1. 公職選挙法や選挙の具体的な仕組み	89.4
2. 現実の政治的事象についての話し合い活動	20.9
3. 模擬選挙等の実践的な学習活動	29.0
4. その他	8.2

④ 指導に当たっての連携状況

項目	％
1. 選挙管理委員会と連携	30.7
2. 関係団体・NPOと連携	3.6
3. 連携してない	66.7

間や余裕がでてきた学校は、現実の政治を分析させたり、ＮＰＯとの連携を行ったりと、具体的な政治を扱う「主権者教育」を行うようになったと考えられます。このことが、18歳と19歳の投票率の差となって現れたのではないでしょうか？

別の視点から考えてみましょう。18歳がメディアに注目されていたこともあげられます。私の勤務する大学の学生も、投票所に行くとき「取材されないかなあ」「テレビに映ったらどうしよう」と考えながら投票所に向かった、と言っていました（笑）。若い世代は注目されたり褒められたりすると強く行動に移ることが多々あります。まさしくメディアによって投票率が上がったこともあるでしょう。

さらに学校の先生方も、高校生の背中を押したと思います。投票日の前日などに、「さあ、いよいよ初めての18歳選挙権だ！　投票所に足を運ぶんだぞ！！」と帰りのホームルームなどで話していただけたのではないですか？ある学校では、期末考査明けの7月10日は、外部の模擬テストが実施されていて、テスト終了後、「下校しながら投票しましょう！！」との校内放送が流れたそうです（笑）！

18歳の投票率については、以上のような努力のたまもの、と分析することが出来ます。

資料③＜取り組みの内容について＞

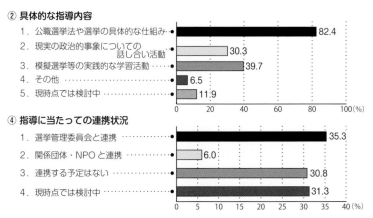

2．主権者教育の今後

　さて、学校も文科省も、この投票結果に胸をなで下ろし、ホッとしていると思います。しかしこの結果で満足すべきなのでしょうか？　昭和42年の20歳代の投票率は70％後半でした。一番怖いことは、学校や文科省が「このくらいの主権者教育を行っていれば大丈夫なんだ」という気持ちになることです。この投票率を足がかりにして、さらに投票率を上げるために、現実の政治現象を取り上げ、考えさせ、討論させる教材をさらに開発し、実践して検証し、まわりの学校と交換し合うことが求められていると思います。

　このように考えていくと、主権者教育は始まったばかりで、これからが本当の勝負になると思っています。

『18歳選挙権に向けて　主権者教育のすすめ』付録《特別寄稿》

清水書院　2016年7月

はじめに

　私は，2015年3月まで，千葉県の公立高等学校で長く教鞭をとってきました。その間，様々な学校を経験をしてきましたが，その中で心がけてきたことは，「生徒を動かし」，「考えさせ」，「自ら学ぶ意欲」を持ってもらう授業でした。視聴覚教材を使った授業，ディベート，新聞を使った授業，政党を作り政策論争させる授業，模擬裁判など，様々な授業実践を行ってきました。おそらくいまの言葉では，「アクティブ・ラーニング」といわれる教育メソッドを長く実践してきました。その実践のためか，2015年末に全国の高校に配られた，『私たちが拓く日本の未来』（以下，副教材」）と『私たちが拓く日本の未来　指導資料』（以下，「指導資料」）の作成協力者となりました。

　副教材等の完成後，作成協力者だったためか，いろいろな都道府県からお招きをいただき，主権者教育のお話をさせていただいています。その中で，先生方からの質問ベスト3は，「『主権者教育』というが，学校現場が時間も無く，マンパワーが無い状態なのに，いつ，誰が，どのように，何を使って行うのか？」「『中立』とは何か？」「教員は，どこまで踏み込んで生徒に話をしてよいのか？」でした。また，「副教材や指導書が分かりづらいので，平易に解説してほしい」，「高校生が読んで分かる教材がほしい」，「副教材を勤務校にアレンジしている時間が無いので，そのまま使える教材がほしい」などの要望もいただきました。

　本書は，それらの疑問に答え，すぐに使える教材をお示しするために作成しました。先生方の疑問が氷塊し，日本全国の高校生が「主権者教育」を受け，自信を持って選挙に行ってくれることを願っています。

　終わりに，帝京大学長島光一先生や娘の憲枝には，本書の校正などをお願いしました。この場をお借りしてお礼を言いたいと思います。

2016年6月

もくじ

本書の使い方 ———————————————————— 6

第1編 主権者教育の疑問に答える！

▶ 1 主権者教育の背景

Q1 なぜ「主権者教育」が主張されるようになったのですか？ ———— 10

Q2 どうして「政治・経済」や「現代社会」は，
「現実の教材」を扱ってこなかったのですか？ ———————— 17

Q3 「主権者教育」は「狭義」と「広義」に分けられるのですか？ ——— 20

▶ 2 主権者教育の教材

Q4 世界の国々では，どんな「主権者教育」が行れていますか？ ——— 22

Q5 棄権の理由から考える「狭義」の主権者教育の教材とは
どのようなものでしょうか？ ————————————————— 26

Q6 「広義」の主権者教育の教材とはどのようなものでしょうか？ ——— 33

Q7 「副教材」や「指導書」はどのように使ったらよいのですか？ ——— 38

▶ 3 教材作成と授業実施上の注意点

Q8 どのようなことに注意して教材作成を行えばよいのですか？ ——— 41

Q9 選挙期間中に使用する教材の作成や授業では，
どのような注意が必要なのですか？ ————————————— 45

Q10 どのように「中立」の問題をクリアーしたらよいのですか？ ——— 48

Q11 どのように資料として新聞を活用したらよいのですか？ ————— 58

Q12 「支持政党」を生徒に質問されたら，
教員はどのように答えたらよいのでしょうか？ ————————— 62

Q13 「主権者教育」は，いつ，どこで，誰が，誰に，
どのように行うのべきなのですか？ ————————————— 65

Q14 どのように外部機関との連携をしたらよいのですか？ ————— 69

Q15 どこかで「主権者教育」教材作成や実践の勉強は出来ませんか？ — 75

4 高校生の政治活動

- **Q16** 有権者となった高校生の政治活動や選挙運動の範囲は広がるのですか？ —— 76
- **Q17** 高校生の政治活動や選挙運動の注意点はどのようなものがありますか？ —— 80
- **Q18** 高校生の政治活動などについては,制限しようとする動きがありませんか？ —— 86
- **Q19** 放課後，校外の政治活動を「届け出制」にしてもよいのでしょうか？ —— 90

第2編 高校生の疑問に答える！

- **Q1** なぜ「18歳選挙権」になったのですか？ —— 94
- **Q2** 「主権者教育」ってなんですか？ —— 98
- **Q3** そもそも選挙ってなんですか？ —— 106
- **Q4** なぜ若者は選挙に行かないのですか？ —— 112
- **Q5** 選挙に行かないのは悪いことなのですか？ —— 117
- **Q6** 私の一票が，社会に影響をあたえて大丈夫ですか？ —— 123
- **Q7** 大人はなにを基準に投票先を決めているのですか？ —— 128
- **Q8** 投票先はどのように選ぶのですか？ —— 132
- **Q9** 保護者に「○○党にいれて」と頼まれたらどうすればよいのですか？ —— 140
- **Q10** 自分の一票で社会が変わると思えないのですが…。 —— 143
- **Q11** 高校生ができる「選挙運動」や「政治活動」はどのようなものですか？ —— 154

第3編 実践教材　明日への授業

- **第3編の使い方**
  - **授業LIVE 1** 政策を比較して投票先を決めよう！ —— 166
  - **授業LIVE 2** 投票に行かないと損をする？ —— 184
  - **授業LIVE 3** 特別支援学校での主権者教育 —— 202

終わりに—「18歳選挙権」となって— —— 212

本書の使い方

　本書は，講演会などで先生方から出された質問等に答える「第1編」，高校生がそのまま読んだり，先生方がすぐ授業に応用できるできるように構成した「第2編」，私がこれまで実践を積み重ねてきた授業教材や授業そのものを LIVE で示した「第3編」から構成されています。
　それぞれの構成や，注意事項をまとめてみます。

第1編

　「主権者教育」の総論部分です。これまで各地でいろいろなテーマでお話をしてきましたが，それらのテーマすべてを取り上げました。各地の講演で質問される内容も取り上げて解説してあります。第1編を読んでいただければ，「主権者教育」への疑問が解け，理解が進むと思います。テーマ別に書きましたので，疑問に感じているテーマだけ拾い読みすることも可能だと思います。
　なお，いろいろな教科の先生方が読まれることを想定して，講演会でお話しするような「話し言葉」に統一しました。

第2編

　第2編は，高校生が持つ「18歳選挙権への疑問」や「投票先の決め方」などをテーマ別にまとめています。授業での活用が可能です。
　この第2編の利用については，次のような利用方法を想定しています。
　①そのまま印刷して生徒に配付し，生徒に読ませる，または，音読させながら作業などを行わせる。随所に質問などが入っていますので授業担当者が「ワークシート」などを別に作成して，授業を行うことも出来ます。
　②教員が教室などで読み，生徒達に作業をさせる。
などです。
　このような利用法を想定しているため，この第2編はそれぞれのテーマを「単独」で使えるように編集しています。具体的には，第1編の「資料」や「説明」

と重複する部分もかなりありますが、「そのまま使える」「わかりやすい」「使いやすい」などを優先しています。そのような理由で、あえて資料等は重複させていますことを、ご了解ください。

また、第2編の各テーマ（Q）は、そのまま、あるいは多少手を加えていただいて「教材」としてすぐ授業に利用できるように作成しました。例えば

①賛成派と反対派に分かれて討論やディベートを行う

②班やグループなどに分かれてブレーンストーミングなどを行い、出てきた意見などをKJ法などでまとめる

③テーマを生徒に投げかけ、調べ学習やレポート作成を行わせる

などです。学校によって、いろいろな活用法や授業形態が考えられますので、是非改良を加えて下さい。また、改良後の実践例などをお寄せいただけると幸いです。さらに、イタリック体で示した箇所があります。ここは生徒に、質問したり、アンケートをとるなどの作業を行わせて下さい。

第3編

第3編は、「主権者教育」のLIVE授業集です。各地から「何か授業をしてもらいたい」、「誰でも実践できる教材がほしい」との要望をいただきました。そのため、いくつか教材を作成し、各地で実践を積み、ブラッシュアップを行ってきたものをお示ししました。

教材1の「政策を比較して投票先を決めよう！」は、清水書院と一緒に作成した「ワークシート」を使用した授業です。高校生が投票に際して、「どのように投票先を決めたらよいのか分からない」という気持ちや疑問に答え、投票基準作りのハードルを下げる教材です。

ワークシートは、清水書院のホームページからダウンロードできます。公民科の授業だけでなく、LHRなど特別活動の時間で利用できる「1時間完結型」の教材です。ただし、「ワークシート」5ページの「政党のマニフェスト要約」は、

学校に合わせて，生徒がわかりやすいように書き直して利用してください。

　教材2の「投票に行かないと損をする？」は，「私の一票で政治は変わるのか？」という「有用感」に答えるものです。若者は，自分の利益に関係すると，とたんに興味を持ちます。その気持ちをつかみたいと考えて作成しました。

　教材3の「特別支援学校での主権者教育」は，これまで特別支援学校の「主権者教育」は，あまり議論されてきませんでしたので，「特別支援学校での主権者教育」を提案しました。模擬投票を中心に，クイズや作業などもまじえています。

その他

　この本の最後に，「おわりに－『18歳選挙権』となって－」というテーマで「日本の民主主義発展への期待」と「卒業生からの伝言」という文章を入れました。この2つの文章は，私からの「18歳選挙権」への期待とお願いです。先生方が高校生に語りかけたり読ませたりしていただければ幸いです。

第1編

主権者教育の疑問に答える！

- 1　主権者教育の背景
- 2　主権者教育の教材
- 3　教材作成と授業実施上の注意点
- 4　高校生の政治活動

1．主権者教育の背景

Q1 なぜ「主権者教育」が主張されるようになったのですか？

　「『政治・経済』や『現代社会』があるのに，なぜ『主権者教育』なるものが主張されるようになったのか？」というところから考えていきたいと思います。「『政治・経済』や『現代社会』の授業で，主権者としての知識や心構えは教えている」と，地歴・公民科教員は必ず疑問に思うはずだからです。

　まず確認ですが新聞などの論調を見ると（いやいや，新聞の論調だけでなく世間一般では）「日本の若者の政治的関心は低い」ことになっているはずですね。

　しかし，内閣府の調査（**資料1**）によると，「あなたは，今の自国の政治にどのくらい関心がありますか」という問に対して，日本の若者の関心度は，「非常に関心がある」「どちらかといえば関心がある」という回答の合計が50％を超えて「50.1％」です。この数字はドイツの69.0％には及ばないにせよ，アメリカの59.4％，イギリスの55.8％，フランスの51.8％と比べて遜色ない数字と言えます。つまりこの数字

資料1 あなたは，今の自国の政治にどのくらい関心がありますか

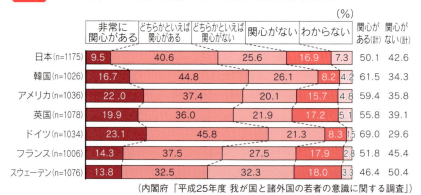

（内閣府「平成25年度 我が国と諸外国の若者の意識に関する調査」）

Q1 なぜ「主権者教育」が主張されるようになったのですか？

から確認できることは，決して日本の若者の政治的な関心が低いとは言えないということなのです（ただし日本国内で，他の世代と比較すると若い世代の政治的な関心は低いという統計はあります）。

では，政治的関心が低いとは言えない日本の若者が選挙に行くかというと，2014年12月に実施された衆議院議員総選挙における20歳代の投票率は32.58％でした（**資料２**）。

資料２ 年齢別投票率（小選挙区選挙）▶**1**

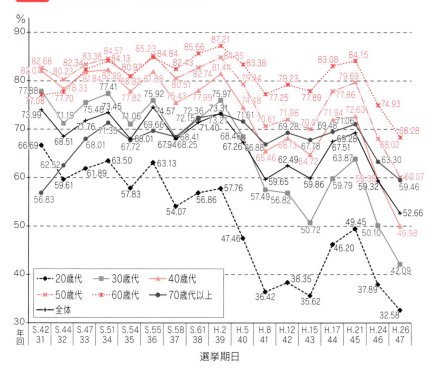

（衆議院議員総選挙における年代別投票率（抽出）の推移総務省HPより）

▶**1**「資料２」から読み取れることは？

　このグラフを一瞥すると，20歳代の投票率が非常に低くなっているという感覚を持つのですが，注意していただきたい点があります。グラフの数字を追ってみると，

第1編 主権者教育への疑問に答える！

昭和42年から平成26年の間に20歳代は34.11％投票率が下がっています。しかし他の世代を見てみると，同じ期間で，30歳代は35.79％，40歳代は32.09％投票率を下げていることに気づかれましたか？　つまり，20歳代よりも30歳代の方が下げ幅は大きいですし，40歳代もほとんど変わらないのです。20歳代は，昭和42年の当初から投票率が他の世代に比べて低かったために投票率の低さが際だって見えるだけで，日本は全体的に投票率を下げ続けてきたのです。その意味で，この期間の投票率の低下傾向を考えると，日本の民主主義はいままさに「危機的状況」にあると言えます。

宮下与兵衛特任教授（首都大学東京）は，「69年通知以降，全国的に学校の授業や文化祭などで政治的な問題を扱うことに消極的になり，生徒会の活動や新聞部などの活動も衰退した。選挙のたびに若者の低投票率を嘆く声が聞かれるが，これは，社会が若者から政治を遠ざけてきた結果ともいえる」（2015年12月21日付毎日新聞）と述べています。1969年以降，年々投票率が低下してきたのは，「政治的問題」を扱うことが消極的になってきた結果ということが出来ると思います。

ちなみに全年代が投票率を下げる中，70歳代以上だけが2.63％投票率を上げています。笑い話ですが，この47年間でお年寄りだけが元気になったことがわかります。

さて，この二つの**資料１**と**資料２**から，「日本の若者は，政治的関心があるのに，なぜ棄権するか」が問題となるわけです。

その問題を考えるために**資料３**と**資料４**を読み解いてみましょう。次の**資料３**は，2015年10月に宮崎県の選挙管理委員会が，公立私立を問わず宮崎県内の全高校生にアンケートをとり，そのうち30,632人から回答を得たものからの引用です（アンケート結果は，宮崎県選管のHPにあります）。全県を挙げての高校生へのアンケートは，2016年3月末までのところ宮崎県以外にはないと思いますので，大変貴重な資料です（沖縄県の琉球新報は，沖縄県内の新高校３年生にアンケートを行っています。2016年４月７日付琉球新報を参照して下さい）。

さて**資料３**は，「あなたは，次回選挙で投票に行きますか」という問に，「行かない」「たぶん行かない」と答えた生徒に「投票に行かない理由」を質問したものです。注目してもらいたいのは，行かない理由の第４位と第５位の「7　誰に投票するか判断できないから」「8　投票したい候補者がいないから」です。つまり高校生は，「現実の政策や候補

Q1 なぜ「主権者教育」が主張されるようになったのですか？

者に対して知識や判断力がないと投票に行きたくなくなる」のです。同じアンケートから**資料4**も見てみましょう。このアンケートは「18歳

資料3 投票にいかない理由

	選択肢	回答人数	Q20で「行かない」「たぶん行かない」を選択した生徒に占める割合 ※1	全生徒に占める割合 ※2
1	興味がないから	2,633	41.0%	8.6%
2	めんどくさいから	2,508	39.1%	8.2%
3	誰が当選しても政治は変わらないから	2,264	35.3%	7.4%
7	誰に投票するか判断できないから	2,131	33.2%	7.0%
8	投票したい候補者がいないから	1,354	21.1%	4.4%
6	政治家は信用できないから	1,222	19.0%	4.0%
5	自分に何のメリットもないから	805	12.5%	2.6%
4	自分一人が行かなくても選挙結果に影響はないから	780	12.1%	2.5%
9	その他	592	9.2%	1.9%
	有効回答計	14,289		

※1 Q20で「行かない」または「たぶん行かない」と回答した生徒(6,422人)に占める割合
※2 アンケートに回答した全生徒(30,632人)に占める割合

（宮崎県選挙管理委員会HPより）

資料4 18選挙権に反対の理由

	選択肢	回答人数	Q1で「反対」の生徒に占める割合 ※1	全生徒に占める割合 ※2
1	政治や選挙に関する知識がないから	4,440	62.9%	14.5%
2	18歳は，まだ十分な判断力がないから	4,189	59.4%	13.7%
5	どうせ投票に行かない人が多いから	3,001	42.5%	9.8%
3	年齢を下げても政治は変わらないから	2,454	34.8%	8.0%
6	まだ社会に出ていないから	1,814	25.7%	5.9%
4	忙しくて投票に行けないから	571	8.1%	1.9%
7	その他	543	7.7%	1.8%
	有効回答計	17,012		

※1 Q1で「反対」と回答した生徒(7,055人)に占める割合
※2 アンケートに回答した全生徒(30,632人)に占める割合

（宮崎県選挙管理委員会HPより）

選挙権に賛成ですか，反対ですか」の回答者のうち，「反対」と回答した高校生に，その理由を質問したものです。

　ここでも注目していただきたいのは，反対理由の第1位の「政治や選挙に関する知識がないから」と，第2位の「18歳は，まだ十分な判断力がないから」です。この2つの回答からも，**資料3**と同じように，高校生は「現実の政党や政治などの知識や判断力がないと投票に行きたくなくなる」ことが分かります。

　ズバリ言いますと，この2つのアンケート結果が，「主権者教育」が主張されるようになった理由なのです。

　主権者教育とは，「国や社会の問題を自分の問題として捉え，自ら考え，自ら判断し，行動していく主権者としての自覚を促し，必要な知識と判断力，行動力の習熟を進める教育」（明るい選挙推進協議会（以下「明推協」）HPより）と定義されています。つまり，「現実の政治を教材」とする教育なのです。

　文部科学省と総務省が2015年末に全国の高校に配付した**『私たちが拓く　日本の未来　活用のための指導資料』**（以下，「指導資料」）6ページに，主権者教育の留意点として「現実の具体的政治事象を取り扱うこと」があげられているのはそのような理由からなのです。具体的には，これまで高等学校で教えてきた「政治・経済」や「現代社会」が衆議院の議員定数や任期などシステムの解説が多かったのに対し，主権者として行動できる知識や行動力を身に付けさせる教育が求められているのです。その意味で，これまで行ってきた公民科教育の反省の上にあるものだと考えなくてはならないでしょう。この点に関して
「小学校，中学校，高等学校の各段階の社会科，公民科において，（中略），望ましい政治の在り方と政治参加の在り方，政治参加の重要性（高等学校）などについて指導が行われている。しかしながら，一方で，

> 政治の意義や制度に関する指導は，知識を暗記するような教育となっているのではないか

> 現実の具体的政治事象を取り扱うことに消極的ではないか

Q1 なぜ「主権者教育」が主張されるようになったのですか？

COLUMN 「18歳選挙権」で高校生は困っている？

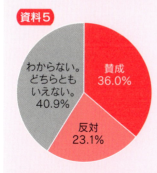

資料5

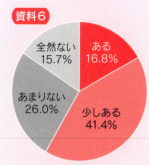

資料6

宮崎県選挙管理委員会のアンケートから，突然「18歳選挙権」となって，高校生は「困惑している」と感じていることがわかります。**資料5～7**は，先ほど引用した宮崎選管のアンケートです。

資料5は，「今回の選挙権年齢の引き下げ（18歳以上）に賛成ですか？ 反対ですか？」という問に対して，「わからない。どちらともいえない。」との回答が40％を超えています。突然降ってきた感が強い「選挙権」への評価がすぐには出来ないことが分かります。ただし次の**資料6**から，政治や社会に対する関心はあることがわかります。

資料6は，「あなたは，政治や社会問題に対する関心がありますか？」という問に対する回答です。「ある」「少しある」の合計は，58.2％であり，**資料1**で示した「若者」の数字を若干上回ります（母数を考えると，宮崎の数値の方が信憑性が高いと考えられます）。もとの議論に

資料7 投票の際に，困りそうなことは？（3つ以内で選択）

※1

	選択肢	回答人数	全生徒に占める割合
1	情報が少なく，誰に投票すればよいか判断できない	19,652	64.2%
2	投票したい候補者がいない	14,355	46.9%
4	投票に行く時間がない	5,818	19.0%
3	投票の仕方がわからない	5,152	16.8%
8	わからない	3,275	10.7%
7	特に困らない	2,500	8.2%
5	投票する場所が近くにない	2,322	7.6%
6	その他	1,298	4.2%
	有効回答計	54,372	

※1 アンケートに回答した全生徒（30,632人）に占める割合

第1編　主権者教育への疑問に答える！

> 戻ってしまいそうですが，先ほど示した**資料4**（→ p.13参照）と次の**資料7**「投票の際に，困りそうなことは？（3つ以内で選択）」を見ていただくと**資料7**から第1位の「情報が少なく，誰に投票したらよいか判断できない」，第2位の「投票したい候補者がいない」という回答は，結局，「政治や政治家のことを知らない」と言っていることですし，先ほど示した**資料4**の第1位「政治や選挙に関する知識がないから」と第2位の「18歳は，まだ十分な判断力がないから」とともに，「政治や政治家のことを知らないし判断できないのに『なんで18歳選挙権になったんだ？』」という困惑や疑問を高校生が持っていることが容易に想像できます。是非，第2編「高校生の持つ疑問に答えます」のQ1を生徒に話してあげて下さい（→ p.94参照）。

　といった指摘がある。」
と記述しています。（「指導資料」7ページ）
　さて，ここまででおわかりになっていただけたと思いますが，「主権者教育」とは，若者が持つ「面倒くさい」「社会のことがよく分からない」「政党の言っていることが分からない」「どのように投票先を選択したらよいか分からない」「私が投票しても社会は変わらない」などの気持ちや疑問に答え，「現実の政治を教材」として主権者としての行動を促すことを目的とした教育なのです。さらに，「主権者教育」で生徒に身に付けさせることが期待されることとして
「❯ 論理的思考力（とりわけ根拠をもって主張し他者を説得する力）
　❯ 現実社会の諸課題について多面的・多角的に考察し，公正に判断する力
　❯ 現実社会の諸課題を見出し，協働的に追究し解決（合意形成・意思決定）する力
　❯ 公共的な事柄に自ら参画しようとする意欲や態度」
　など，具体的な「力」があげられています（「指導資料」7ページ）。
　以上が，「主権者教育」が主張されるようになった背景なのです。

Q2 どうして「政治・経済」や「現代社会」は,「現実の教材」を扱ってこなかったのですか？

Q2 どうして「政治・経済」や「現代社会」は,「現実の教材」を扱ってこなかったのですか？

　さて，主権者教育が「現実の政治を教材」とする教育であり，これまでの公民科の科目である「政治・経済」や「現代社会」がシステムの解説が多かったことの反省の上に主張されてきたことは納得していただけたと思います。では次に，そうした公民科科目で，「なぜ『現実の教材』を扱ってこなかったのか？」を考えてみましょう。

　まず大前提ですが，社会科・公民科教育の目標は，本来，「公民（＝主権者）」を育てることにあることを確認したいと思います。

教育基本法は，

> 第１条　教育は，人格の完成を目指し，平和で民主的な**国家及び社会の形成者**として必要な資質を備えた心身ともに健康な国民の育成を期して行われなければならない。

を「教育の目的」としてあげており（太字は筆者，以下同じ），ここでいう「国家及び社会の形成者」とは「主権者」に他ならないはずです。教育基本法はさらに続けて，

> 第２条
> 　３　正義と責任，男女の平等，自他の敬愛と協力を重んずるとともに，公共の精神に基づき，**主体的に社会の形成に参画し，その発展に寄与する態度を養う**こと。

を「教育の目標」として掲げ，社会への「参画」やその発展に「寄与する態度」の育成が必要であるとしています。また，その教育の内容として，

> 第14条　良識ある公民として必要な**政治的教養**は，教育上尊重されなければならない。

と，主権者としての「政治的教養」を身に付ける必要性を強調しています。同様の趣旨は，学校教育法にも見ることができ，同法第21条第1項は，「学校内外における社会的活動を促進し，自主，自律及び協同の精神，規範意識，公正な判断力並びに公共の精神に基づき主体的に社会の形成に参画し，その発展に寄与する態度を養うこと」を義務教育の目標としていますし，同法第51条第1項は，「義務教育として行われる普通教育の成果を更に発展拡充させて，豊かな人間性，創造性及び健やかな身体を養い，国家及び社会の形成者として必要な資質を養うこと」を高等学校教育の目標としています。

これらの規定を受け，文部科学省は中学校社会科や高等学校公民科の学習指導要領の中で「公民的資質」の育成を謳っているわけです。具体的には，**中学校学習指導要領の社会科公民分野の目標を**，

- （1）個人の尊厳と人権の尊重の意義，特に自由・権利と責任・義務の関係を広い視野から正しく認識させ，民主主義に関する理解を深めるとともに，**国民主権を担う公民として必要な基礎的教養を培う。**
- （2）民主政治の意義，国民の生活の向上と経済活動とのかかわり及び現代の社会生活などについて，個人と社会とのかかわりを中心に理解を深め，現代社会についての見方や考え方の基礎を養うとともに，**社会の諸問題に着目させ，自ら考えようとする態度を育てる。**
- （3）略
- （4）**現代の社会的事象に対する関心を高め，様々な資料を適切に収集，選択して多面的・多角的に考察し，事実を正確にとらえ，公正に判断するとともに適切に表現する能力と態度を育てる。**

と定め，さらに，**高等学校学習指導要領の公民科の目標を**

　広い視野に立って，現代の社会について主体的に考察させ，理解を深めさせるとともに，人間としての在り方生き方についての自覚を育て，平和で民主的な**国家・社会の有為な形成者として必要な公民としての資質を養う。**

Q2 どうして「政治・経済」や「現代社会」は,「現実の教材」を扱ってこなかったのですか？

と定めています。

　要は，学校教育においては，これまでも「主権者」としての知識や態度，判断力などを身に付けることが求められていたのです。しかし学校現場では，受験などの理由によって教科書中心の授業が行われ，16ページにあげたような主権者としての能力などを身に付けさせてこなかったのではないかとの批判があります。とりわけ，「現実の政治」を教えてこなかった最大の理由は，**教育基本法**の

> 第14条
> 　2　法律に定める学校は，**特定の政党を支持し，又はこれに反対するための政治教育その他政治的活動をしてはならない。**

との規定がネックになっていたと考えています。このいわゆる「中立」条項が現場の授業で「現実の政治」を扱うことを躊躇させることになったのではないでしょうか。この「中立」の問題は，48ページ以降でもう一度考えてみたいと思います。

　ここで確認しておきたいことは，教育基本法の第14条の配列です。第1項で「**政治的教養（主権者として持つべき様々な力）**」を身に付けさせる必要性を定めており，その際の「注意事項」として第2項で「**中立**」への配慮を求めている，という配列なのです。この配列を考えると，教育基本法の立場は「政治的教養」を身に付けさせることが主目的であり，その際に「中立」に配慮することを求めているのであって，「中立」に配慮するあまり「政治的教養」を身に付けさせられないというのは，本末転倒と言わざるを得ないと思います。45ページにあげたように，この点について「指導資料」は「具体的政治事象を取り扱うこと」と注意を促しているのだと考えていただきたいと思います。

Q3 「主権者教育」は「狭義」と「広義」に分けられるのですか？

　主権者教育とは，「国や社会の問題を自分の問題として捉え，自ら考え，自ら判断し，行動していく主権者としての自覚を促し，必要な知識と判断力，行動力の習熟を進める教育」（明推協HP）と定義しましたが，大きく「狭義の主権者教育」と「広義の主権者教育」に分けて考えるべきだと考えています。

　「狭義の主権者教育」とは，ひと言で表すと「選挙に行こう！」「投票率を上げよう！」という教育です。投票に行くという態度や意欲を高めるために，単に政治制度や選挙の仕組みの理解という知識面だけでなく候補者や政策などについて適切な判断を行えるという思考力や判断力も含めた教育が必要です。このような投票行動への関心・意欲・態度，知識・理解，思考・判断などを高める教育ということが出来ます。具体的には，近頃行われることが多くなった「模擬選挙」は代表的な教育メソッドということが出来るでしょう。

　それに対して，**「広義の主権者教育」**とは，定義にあるように「国や社会の問題を自分の問題として捉え，自ら考え，自ら判断し，行動していく主権者」を育てる教育であり，政治的・社会的に対立している問題について判断を行い，意思決定をしていくために情報を収集し，的確に読み解き，考察し，判断する訓練を行う教育だと考えています。具体的には，政治的判断材料の基礎となる資料の収集方法，話し合いや討論の方法，模擬請願や模擬議会などが考えられます。

　2015年末に総務省と文部科学省が全国の高校生に配付した『**私たちが拓く日本の未来**』（以下，「副教材」）の「実践編」に示されている「教材」が，話し合いの手法や討論の手法から始まり，ディベートや地域課題の見つけ方，模擬請願や模擬議会などを提案している理由が，これでお分かりになったと思います。

　ここで一点確認しておきたいことは，「副教材」で「国家・社会の形

成者として求められる力」として,

「**○論理的思考力(とりわけ根拠をもって主張し他者を説得する力)**

　　自分の意見を述べる際には根拠をもって説明することが重要であることを理解するとともに,異なる立場の意見がどのような根拠に基づいて主張されているかを検討し,議論を交わす力。

○現実社会の諸課題について多面的・多角的に考察し,公正に判断する力

　　現実の社会においては様々な立場やいろいろな考え方があることについて理解し,それらの争点を知った上で現実社会の諸課題について公正に判断する力。

○現実社会の諸課題を見出し,協働的に追究し解決(合意形成・意思決定)する力

　　お互いに自分の考えや意見を出し合い,他者の考えや価値観を受け入れたり意見を交換したりしながら,問題の解決に協働して取り組む力。」

があげられていることです(「副教材」30ページ)。また学習方法として,いわゆるアクティブ・ラーニングを取り入れると同時に,次の学習方法の活用も提案しています。

　①「正解が一つに定まらない問いに取り組む学び」
　②「学習したことを活用して解決策を考える学び」
　③「他者との対話や議論により,考えを深めていく学び」

の３点です(「指導資料」20ページ)。

　以上,細かくお話ししてきましたが,「狭義」の主権者教育とは「投票に行ってもらおう」という教育であり,「広義」の主権者教育とは,明推協が定義した「主権者」となってもらうための教育ということだと考えています。

2．主権者教育の教材

　世界の国々では，どのような「主権者教育」が行われていますか？

　ここでは，先進4か国（イギリス，ドイツ，フランス，アメリカ）の「主権者教育」の現状をまとめてみたいと思います。主な参考文献は，「明るい選挙推進協議会」が発行している「Voters」や「私たちの広場」という情報誌です。非常に勉強になる雑誌なので，図書館などで読んでみましょう！

イギリス
　イギリスでは，日本の「主権者教育」にあたるものとして「シチズンシップ教育」が実施されています。

①対象とされる生徒・科目
　2002年から中等学校段階（11～16歳）においてシチズンシップ教育が必修化されています。ただし，シチズンシップ教育を独立した教科として実施してはいません。そのため，「歴史」「宗教」「人格，社会，健康及び経済教育」などの教科の時間中や教科外活動や全校集会などを通じて実施しています。

②シチズンシップ教育の内容
　イギリスのシチズンシップ教育は，社会に対する責任感や参加意識，政治的な判断力をつけること目的としており，時事問題，社会的論争についての知識だけでなく，意見の対立を解決する方法も学ぶのが特徴です。選挙や投票に関する学習においては，仕組みや事実関係の学習だけでなく，討論などを通じた探究や，模擬投票のような体験型の学習を重視しています。最近の改訂により2014年9月から実施される「シチズンシップ」のうち，特に主権者教育に該当するものとして，年齢で言うと11～14歳の生徒には，「イギリスの民主政治制度の発展」（市民，議会，国王の役割を含む），「議会の働き及び政党の役割」（投票，選挙を含む）について学ぶことになっています。

③学校外での「主権者教育」

　学校外での取り組みとしては，イギリス議会の下院事務局が実施している青少年を対象とした教育サービスがあります。具体的な事例としては，現職議員も出席して討論が行われる「学生議会」と呼ばれる模擬議会のほか，事務局職員が学校に出向いて教員等など対象とした講習や生徒を対象としたワークショップ等を行う教育アウトリーチサービスなどがあります。

　また，チャリティー団体が運営する「イギリス青少年議会」があり，全国各地域で立候補し選出された11歳から18歳までの青少年議員が，それぞれの地域の下院議員や地方議会の議員等とともに活動するほか，全国の青少年議員と定期的に活動報告や意見交換を行っています。

ドイツ

　ドイツの主権者教育は，「政治教育」と呼ばれています。政治教育の定義は，「民主主義社会における共同生活の基礎を培い，社会に対して責任をもって行動のできる良識ある市民を育成し，市民主体の社会を作るための教育」とされています。

①対象とされる生徒・科目

　ドイツは連邦国家なので，政治教育を具体的に扱う教科の名称も州によって異なり，中等教育段階（10歳から19歳）における教科の例としては，「郷土科」，「社会科」，「政治」，「歴史」などで実施されています。このほかに，「宗教・倫理」，「地理」，「自然科学」，「芸術」，「スポーツ」など，その教育の一部が政治教育と関係する教科群もあります。

②シチズンシップ教育の内容

　各州でカリキュラムが異なっていますが，政治教育に関しては，2003年以降，政治的判断力（政治を多面的かつ中長期的視点から理解する能力）と行動力（現状把握，自己の利害等を踏まえ倫理的かつ有効に意見表明する能力）などを生徒に獲得させることを目標としています。例えば，「宗教・倫理」では宗教間の寛容や家族のあり方が問われ，「地理」では人口問題や天然資源をめぐる国際紛争，「自然科学」では，地球温暖化などが教えられています。さらにこの背後に「ドイツ語」，「数学」などの基礎的教科を含むすべての教育活動が位置し，政治的判断力・行動力に不可欠な基礎的な能力が養われることになっています。

③学校外での「主権者教育」

　学校外の政治教育としては，内務省が管轄する「連邦政治教育センター」による，政治情報に関する刊行物・教材の出版，教員や政治家に対するセミナー，児童向けの政治教育コンクールの開催等の活動があげられます。各州にも政治教育センターが設置されており，政治に関する情報提供やイベントの実施などにより政治教育のサポートを行っています。民間政治教育団体による模擬選挙も行われており，実際の選挙を題材に，争点，各党の政策や戦術を理解した上での模擬投票が大規模に行われています。

フランス

　フランスもイギリス同様，日本の「主権者教育」にあたるものとして「シチズンシップ教育」が実施されています。

①対象となる生徒・内容

　シチズンシップ教育は教科ではなく，市民育成という学校教育全体（6歳から18歳）を通じた理念又は目標となっているため，国家全体共通のカリキュラムはありません。

②シチズンシップ教育の内容

　シチズンシップ教育の内容は，各学校が独自に策定する学校教育計画の中で定められ，実施されています。シチズンシップ教育を通して追求する全学年に共通した目標として，「人権と市民の教育」「責任感や市民的義務を身に付ける教育」「判断力を養う教育」の3つが設定されています。

　通常のシチズンシップ教育は，単独の教科としては公民科で実施されており，学習方法として討論を取り入れている点が特徴です。教科横断的に実施される公民教育もあります。これは，公民教育のテーマを軸に各教科の学習目標を配置し，教科横断的な学習を展開するものです。「共に生きることを学ぶための学校での市民的イニシアティブ」と呼ばれる教育活動があり，市民道徳に関連する特定のテーマについてのキャンペーン週間を設け，教員との討論や，裁判所などへの訪問を行っています。

　そのほか，日本の生徒会などに該当する組織もシチズンシップ教育の重要な一つの場となっています。選挙によって各学級から選出された児童・生徒代表で組織される「児童協議会」「生徒代表協議会」では，学校生活に関する話合いや，生徒の主体的な活動の運営が行われています。

③学校外での「主権者教育」

小学校高学年からは児童代表が保護者の会議や「地域評議会」と呼ばれる地域の会議に出席し，意見表明を行っています。中等学校になると学校の運営に関する会議に出席し，学校規則などに関する協議に参加することもあります。

アメリカ

アメリカもイギリスやフランス同様，日本の「主権者教育」にあたるものとして「シチズンシップ教育」が実施されています。

①対象となる生徒

アメリカのシチズンシップ教育には，生まれた時からアメリカ国民だった人を対象に学校で主に民主主義を教える「公民科」教育と，移民が市民権獲得のために学ぶ成人教育の2種類があります。アメリカは連邦国家であるため，教育は州の権限とされています。ただし，連邦は望ましいと考える政策に対して補助金を交付する形をとり，各州の教育に関与しようとしています。

②シチズンシップ教育の内容

連邦が各州に対し教育の基準となるカリキュラムの策定を求めたなかで，「全ての生徒が責任ある市民としての役割を果たすことを可能にするための学校教育の保証」「市民としての権利及び義務の担い手となるために必要な知識及び技能の習得」の2項目がシチズンシップ教育に関する内容となっています。

また，連邦教育省の支援を受けた民間団体などが，様々なカリキュラムや教材を提供しています。例えば，「市民教育のためのセンター」という団体は，政治に関する学習を中心とした「教育内容」のほかに，政治や社会問題に対する説明・分析や，政治に対する監視などの「技能」，個人の価値や人としての尊厳を尊ぶことなどを学ぶカリキュラムなども提供をしています。

③学校外での「主権者教育」

実際の選挙に合わせて行われる模擬投票などの実践的な政治教育も行われています。例えば，「キッズ投票」と呼ばれる非営利団体は，子どもたちによる模擬大統領選挙を実施しており，日本でも広く紹介されています。

＊以上の紹介は，「私たちの広場」（明推協）283号，293号，305号などを参考にしています。

Q5 棄権の理由から考える「狭義」の主権者教育の教材とはどのようなものでしょうか？

　主権者教育の「教材」について考えてみましょう。

　まず，「狭義」の主権者教育の教材から考えてみます。「狭義」ですから，「投票行動を促す教育」です。投票率を上げることが主たる目的ですから，具体的には若者の「棄権」を減らせばよいはずです。では，13ページにあげた**資料３**で若者の棄権理由を確認してみましょう。最大の理由は次の３点に分析できます。

　１点目は，**資料３**の第２位「**めんどくさいから**」です。政治学や経済学の知識はなくとも，32ページで考える「有用感（自分の投票で政治が変わるという気持ち）」を持てないかぎり，わざわざ自分の時間をつぶして投票に行かないのです。この点を「**課題１**」としたいと思います。

　さて，２点目は，**資料３**の第４位「誰に投票するか判断できないから」と，**資料４**（13ページ）の第１位「政治や選挙に関する知識がないから」，第２位「18歳は，まだ十分な判断力がないから」，第５位の「まだ社会に出ていないから」です。これらの理由を私は，「**選択する自信がない**」とまとめたいと思います。若者が，なぜ「選択する自信がない」と棄権するのかというと，私は，日本の若者は青年期特有の「潔癖感」「完璧主義」が強く，政党や候補者のことがよくわからないと投票に行かないのだと理解しています。私の経験では，いまの若者は一般的に言われているように「いい加減」ではなく，かなり「真面目」だと感じています。つまり，この「真面目」さゆえに，「各政党のマニフェストの内容が分からないうちに投票してはいけない」と思い，棄権しているのです。皆さんの経験でも，高校生に「選挙に行きますか？　行きませんか？」と質問し，「行かない」と答えた生徒に「なぜ行かないの」と聞くと，「まだ社会のことが分からないのに」「政党の提案していることがよく分からないのに」「社会経験がないのに」と答える割合がとて

Q5 棄権の理由から考える「狭義」の主権者教育の教材とはどのようなものでしょうか？

COLUMN 「政治に興味がない」若者への対策は？

　資料3の第1位である政治に「興味がないから」も検討すべきでしょう。「興味がない」という理由から，この回答者は政治的無関心層ととらえることが出来ると思います。そのため，「無関心をどのように政治に向けさせるか」という課題も設定できると思いますが，今どきの若者であるこの「政治的無関心層」は，政治的課題（困ったこと）が自分の身に降りかかってくると，とたんに政治への関心を高める可能性があります。その意味で，具体的な政治を例に，なぜ選挙に行かなくてはならないかを理解させると，投票に向かわせることが出来ると考えています（具体的には，32ページの「選挙に行かないと損をする」を参照して下さい）。

　また，確かに若者の間には政治的無関心層が多いとは思いますが，宮崎選管のアンケート調査である資料8からは，政治の生活への影響力を，高校生は理解していることが分かります。

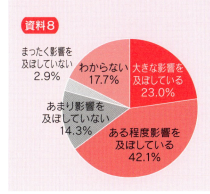

　資料8は，「政治は，自分の生活に影響を及ぼしていると思いますか？」という問に対する回答です。「大きな影響を及ぼしている」「ある程度影響を及ぼしている」を合わせると，65.1％となり，約3人に2人が「影響力」を感じているのです。例えば，「消費税」「高等学校授業料無償化」「給付型奨学金の充実」など，「主権者教育」では，高校生にとって身近な問題から政治や選挙を考えさせることが有効であることが分かると思います。

も高いと感じていることと思います。このように，**資料4の第1位と第2位の理由は私の経験と一致します。この「選択に自信がない」を「課題2」**としたいと思います

　3点目は，**資料3**の第3位「誰が当選しても政治は変わらないから」，第8位の「自分一人が行かなくても選挙結果に影響はないから」，**資料4**の第4位「年齢を下げても政治は変わらないから」のように「自分の一票で政治が変わる」という**有用感**が持てないことです。この点を**「課題3」**としたいと思います。**課題1**でも示しましたが，損得勘定にたけた若者は，この「有用感」を高めないかぎり，自分の時間をつぶし

てまで投票に行くはずはありません。

さて,以上にあげたような「棄権の理由」と「**課題**」から,どのような主権者教育の教材が考えられるのでしょうか。

まず大前提として,選挙や投票に関する基礎的な知識や理解を身に付けさせる教材が必要だと考えています。このような提案をすると,主権者教育は,「システムを教えてきたこれまでの『政治・経済』などと一線を引こうとしてきたはずなのに」と批判を受けそうですが,この提案は,これまでの政治・経済や現代社会で扱ってきた「議員定数」や「衆議院の優越」などのような知識・理解という意味ではなく,いわば「教科書に書いていない『選挙の作法』」を教えるべきであるという提案です。私は長く千葉県の公立高校の教員でしたが,その最後の勤務校は定時制でした。定時制の3年生の選択政治・経済の授業中に「いよいよ,18歳選挙権になりそうだね。」と話すと,ある生徒が「先生,俺には選挙権がないんだ。」と言い出しました。その生徒は外国籍ではないことを知っていたので「なぜ?」と聞くと,「俺,税金払っていないから……。」と答えたのです。

> **2** 「選挙の作法」を知らないと?
>
> 　同様の経験はもう一つあります。ある日,訪ねてきた定時制の卒業生に「この間の選挙は行ったかな?」と質問したところ,その卒業生は突然怒り出し,「先生の嘘つき! 投票所に入るときに必要な『投票の案内(入場券)』が自分に送られてくると言っていたけれど,俺のところには送られてこなかったので行けなかった!」と言い出しました。私はあきれて「授業では,ほとんどの市町村では,世帯ごとにハガキが郵送されると言ったはずだ。保護者宛にハガキが来ていたはずだから,それを開けば君の名前が書いてあったはずだよ。」と説明すると,「俺の両親は選挙なんか行かないから,そんなハガキ捨てたんだと思う。見てないもん。」と反論したのです。私は「分かったよ。でも授業では,そのハガキがなくても身分などを証明できるものを持って行けば投票できると説明したはずだよ。」と言うと,「忘れていた!」と言われてしまいました。

この私の経験からも,「教科書に書いていない『選挙の作法』」=「選挙や投票に関する最低限の知識・理解」は必要だということがお分かり

Q5 棄権の理由から考える「狭義」の主権者教育の教材とはどのようなものでしょうか？

> **COLUMN** 日本の若者の有用感

　日本の若者が持つ政治への「有用感」は，他国と比べて低いのでしょうか。内閣府の調査によると（資料9），「私個人の力では政府の決定に影響を与えられない」と「有用感を持てない」と答えた日本の若者は61.2％でした。
　この数字は，大統領を事実上選出できるアメリカの48.8％とは大きな差があるにせよ，ドイツの62.0％，イギリスの61.7％やフランスの62.1％とほとんどかわるものではないことが読み取れます。この状況を踏まえて，他国と同じ「シチズンシップ教育」を考えるべきなのではないかと考えます。

資料9　私個人の力では政府の決定に影響を与えられない

（内閣府「平成25年度 我が国と諸外国の若者の意識に関する調査」）

になると思います。

　このようなことを理解していただくと，「副教材」の前半に「選挙の実際」（「副教材」8〜19ページ）など，選挙の基礎知識が紹介されていることが理解できると思います。

　さて，「選挙の作法」の次に，**課題1〜課題3**に対応した主権者教育の教材が必要です。私は，

①**課題1**の「面倒くさい」対策として，模擬選挙などで選挙を体験させる

②**課題2**の「選択する自信がない」対策として，いくつかのテーマに絞った政策比較を体験させる

③**課題３**の「有用感がない」対策として、「選挙に行かないと損をする」ことを体験させたり理解させたりする

ことを提案しています。

　まず**課題１**の「面倒くさい」対策です。１回でも投票した経験があれば、投票は「５分程度」で終わることはわかるのですが、選挙を経験していない高校生などは、投票にはかなりの時間がかかると思い込んでいるらしいのです。そのため選挙は時間がかかり「面倒くさい」と感じているのです。そこで、その「面倒くさい」に対して提案されている教材が「模擬選挙（模擬投票）」です（「副教材」50ページ〜71ページ）。ただし「副教材」では、幾つかの「模擬選挙」の方法を提案していますので、どの模擬選挙を選ぶかは、授業の目標などから選択して下さい。

　模擬選挙を経験した高校生のアンケートには「選挙が、こんなに簡単に終わることを初めて知った。これならば気楽に行くことができる。」という感想が多く、模擬選挙によって明らかに「投票」へのハードルが下がり、投票行動にも表れる効果は高いと考えています。もっとも、この教材では、投票所に行く前に「誰に（どの政党に）投票するか」考えることに時間がかかるということを別に考える必要があるのですが、それはそれとして、**課題１**に対して「模擬選挙」は有効な教材だということがお分かりいただけたと思います。

　次に、**課題２**の「選択する自信がない」対策です。現代の若者は「真面目」で、政党や政治家の公約、マニフェストをきちんと理解していないと投票など行ってはいけないと考えているらしいのです。この棄権理由のハードルを下げる一番の方法は、現実の政治や政策課題をきちんと授業で教えることでしょう。ただしこの提案には、「授業時間の確保が難しい」「『中立』の問題にぶつかる可能性がある」「具体的な政治課題を扱ったことがないので自信がない」などの意見や反論が聞こえてきそうです。私はこれまでの授業で積極的に具体的な政治や政策課題を取り上げてきました。ただし、「Ａ党とＢ党の主張や根拠の違いを並列して

Q5 棄権の理由から考える「狭義」の主権者教育の教材とはどのようなものでしょうか？

| COLUMN | 高校生の不安は？ |

宮崎県選挙管理委員会のアンケートから，高校生は18歳選挙権に「困惑している」だけでなく，不安感も一杯であることが分かります。資料10は，宮崎選管のアンケートからです。

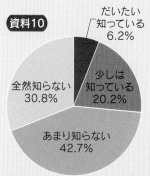

資料10は，「いろいろ政党がありますが，各政党がどのような考えを持っているか，知っていますか？」という問に対する回答です。「全然知らない」「あまり知らない」の合計が，73.5％となっています。このような「政党の政策が分からない」状態で，「はじめての選挙」に行くことに抵抗感が生まれてくることは，当たり前と言えば当たり前ではありませんか？こうした態度に対し，ここからは教育の力が必要だと思います。

| COLUMN | 高校生は学ぶ意欲がある？ |

さらに宮崎県選挙管理員会のアンケートからは，高校生は突然の18歳選挙権で「困惑している」が，政治や社会問題を学びたいと考えていることがわかります。

アンケートでは，「政治や社会問題について学びたいですか？」という問に対して「学びたい」が，64.9％，つまり高校生の3人に2人が，政治や社会について「学びたい」と答えています。続く資料11の「『学びたい』理由はなんですか？（2つ以内で選択）」の回答は次のようなものでした。

資料11 「学びたい」理由はなんですか？（2つ以内で選択）

	選択肢	回答人数	Q13で「学びたい」と回答した生徒に占める割合 ※1	全生徒に占める割合 ※2
1	社会知識として知っておきたいから	15,668	79.2%	51.1%
5	わからないまま投票するのは不安だから	7,836	39.6%	25.6%
3	ニュースや新聞では，なかなか理解できないから	5,548	28.1%	18.1%
2	興味があるから	4,407	22.3%	14.4%
4	クラスメートなど，いろいろな人の意見が聞きたいから	1,137	5.7%	3.7%
6	その他	538	2.7%	1.8%
	有効回答計	35,134		

※1 Q13で「学びたい」と回答した生徒（19,775人）に占める割合
※2 アンケートに回答した全生徒（30,632人）に占める割合

第1編　主権者教育への疑問に答える！

> 　第1位の「社会知識として知っておきたいから」は，まさしく「常識として」政治や社会問題を知っておきたいということですし，第2位の「わからないまま投票するのは不安だから」と第3位の「ニュースや新聞では，なかなか理解できないから」は，あわせて「投票のための政治知識を，易しく理解したい」と考えていることが読み取れます。
> 　ここからも，「現実の政治を教材」として使った授業を行い，政治や社会問題への理解を深めさせる必要性が読み取れると思います。

紹介し，あとは生徒が判断する」というスタンスをなるべくとってきました。このような授業方法だったからか，これまで1回も保護者などからのクレームにあったことはありません。

　さて，ここでの課題は「狭義の主権者教育」ですから，投票の際に「各党の政策などが分からない」という事態にならないようにしなくてはいけません。これに対しては，「すべての」政策や課題を知らなくても投票が出来ることを分からせればよいと考えています。そこで提案されているのが「候補者の評価表を作ろう」「投票の基準づくり」「政党や政策を比べてみよう」という教材です（「副教材」54～55ページ，65ページ，66ページ）。

　さて最後は，**課題3**の「有用感がない」対策です。この点については，「私の一票で『選挙結果が変わった』」という事例を集めたり，「投票に行かないと損をする」教材が効果的です。

　前者の具体的な事例として，前回の2015年の統一地方選挙で，ある村長選挙の「当選者と次点の差は『3票』だった」例や，同じ統一地方選挙の熊本市議会議員選挙，北海道の3つの町会議員選挙・村会議員選挙，長野県の村議会議員選挙では得票数が同数となったため当選者を決める「くじ引き」が行われた例を示すとよいと思います。また，後者の「選挙に行かないと損をする」例としては，「2012年11月24日付　日本経済新聞　プラスワン」に，「1票の価値は100万円以上？」との記事があるのでその記事から教材開発をしたり，「2014年11月26日付日本経済新聞」に，「低投票率の20～49歳の若年世代が1％投票を棄

権すると，1人あたり年間約13万5000円の損となる」との記事があり，ここからも教材を作成できると考えています。また，2016年1月16日に放送されたNHK「週間ニュース深読み」の「18歳選挙権特集」でも「選挙に行く理由」など利用できる部分が多々ありました。

棄権の理由から考える「狭義」の主権者教育の教材については，第3編で詳しく紹介したいと思います。

Q6 「広義」の主権者教育の教材とはどのようなものでしょうか？

「国や社会の問題を自分の問題として捉え，自ら考え，自ら判断し，行動していく主権者」を育てる「広義」の主権者教育の教材はどのようなものなのでしょうか？

これまで示したように，「副教材」には，判断材料の基礎となる資料の収集方法，話し合いや討論の方法，ディベート，地域の課題の見つけ方，模擬請願や模擬議会などが示されています。この他にも，「**政治などを身近に感じるプログラム**」として，生徒会選挙や生徒会活動の活発化，校庭や体育館の使い方を生徒が決める活動などが考えられます。

例えば「校庭や体育館の使い方を生徒が決める活動」を考えてみましょう。現在多くの高校などでは，放課後の部活動における体育館の使用割当ては，部活動の顧問が決めている学校がほとんだと思います。その割当ての話合いを，部活動の部長などに行わせることがこの活動です。私のこれまでの勤務校のうち1校は，実際，部長の話し合いで決めていました。そのためどの部も，4月になると新入生をより多く集めようと努力していました。割当てを決める部長会議で，部員数は強いカードとなるからです。また，新入部員の獲得競争に敗れた部やもともと部員が少ない部は，新人戦などの戦績を交渉カードに使おうと考えていました。部長会議は激しい論争となりましたが，この論争はまさに「主権者」としての力を身に付けるものだと考えています。

また，「主権者として必要な力を身に付けるプログラム」として，模擬裁判，ディベート，グループ・ワークなどがあげられます。
　例えば，模擬裁判とは，ある事例（裁判劇）を見たあと，生徒が裁判官や裁判員に扮して評議を行うものです。評議とは，その事例（裁判劇）で示された「証拠」をもとに，有罪・無罪の心証を持ち，他の裁判官役や裁判員役（同じクラスの高校生）の生徒を説得する行為です。この「説得」もまさに主権者教育のひとつとみることが出来ます。実際，模擬裁判後のアンケートには，「評議で反対の意見を述べる裁判官・裁判員を説得する難しさを感じた。いったん持った『心証』を変えるだけの説得力を身に付けるのはたやすいことではない」などの感想を持つ生徒がいます。
　さて，以上にあげた「校庭や体育館の使い方を生徒が決める」や「模擬裁判」は，これまで主権者教育と考えられていたでしょうか？　おそらく答えは「否」でしょう。要は，主権者教育を行う際に，「**主権者としてこのような力を身に付けさせるために，この教材やこの教育メソッドを利用するのだ**」という明確な意識が重要であり，それが授業者に必要なのです。同時に，生徒へも「授業の目標」や「獲得して欲しい『力』」の説明が必要です▶3。このことから，どのような教材・教育メソッドでも，主権者教育を行うことは事実上可能だと考えられます。

▶**3 生徒に授業の目標を説明する理由は？**
　私の経験ですが，30数年前の私の初任時代の生徒達は，私の想定する「今日の授業の目標」などを，授業を受ける中で「なんとなく」理解してくれていた気がします。ところが近頃の生徒達は，なにも言わないで授業を行うと，きちんと授業を受けノートは取るのですが，授業で身に付けて欲しい「力」（＝授業の目標や私の意図）を読み取れなくなっている気がします。そのためこの10年ほどは，授業の初めに「今日の授業で理解して欲しいこと＝目標」を簡潔に伝えるようにしています。

　最後に「政治的な行動につながるプログラム」として，模擬議会，議

員による講演と生徒達との質疑応答，議会などへの直接行動などが考えられます。模擬議会は「副教材」でも取り上げられており（「副教材」78〜89ページ），身近な問題の発掘，提案の根拠などの確認，討論・説得・質疑応答など，「主権者教育」の総まとめの位置づけになる教材だと思います。ただし「副教材」でも，いろいろな教材の最後に提案しているように，この模擬議会の前に，討論や説得の方法，地域の課題の見つけ方などを身に付けておく必要があります。例えば3年間のスケジュールを立てて，ひとつひとつスキルを身に付けさせたあとに，最後に行う教育メソッドかもしれません。

　この模擬議会の取り組み（実践）は，神奈川県立湘南台高校のホームページで見ることが出来ます。湘南台高校の実践で特徴的な点は，

①総合的な学習の時間を使い，3年間の計画を立てて実践しています。そのため，主権者として身に付けるべき力を段階的に習得させることが可能となっています。例えば，1年次にすべての基礎となる討論の方法や地域の課題の見つけ方，資料の収集方法などを身に付けさせ，2年次にそれらを使ってディベートや模擬請願などを行い，3年次に模擬議会を行う，という計画を立てています。また，継続的に主権者教育を行っているので，主権者としての生徒の意識が高くなることが期待できます。特に3年生になると，選挙管理委員会へのインターンシップも行うようになるとの報告もありました。

②総合的な学習の時間で行うため，公民科教員だけが「主権者教育」の実践をするのではなく，全職員が授業実践にあたることになり，負担感の公平化が図れることです。ただし，例えば資料の作成などは公民科教員が行うことはあるだろうとは思っています。

　湘南台高校の実践には，「主権者教育」のいろいろなヒントが隠されていますので，ぜひ同校のホームページを開いてみてください。

　また今後，議員による講演と生徒達との質疑応答などの教育メソッドも広がっていくと考えられます（議員などを招く際の留意事項に関して

は,「指導資料」88ページ)。

　「議員を招く」というと,どうしても「中立」との関連が気になりますが,50ページで触れますが,要は「全会派に声をかける」ことが大切です。全会派に声をかけたら,来るか来ないかは先方の問題になります。この議員による講演と生徒による質疑応答は,生徒・議員双方にとってメリットがあります。生徒にとっては,おそらく遠い存在だった議員から直接地域などの課題についての話を聞き,政治的関心などを高めることが出来ますし,質問を行うことで,日頃疑問に思っていることを解決するきっかけになるはずです。また,議員にとっても,若者の政治的反応や関心を知る機会となり,遅れがちといわれている「若者向けの政策」作成の参考になるでしょう。なお,私個人としては,国会議員よりも地方議会の議員のお話しの方が生徒には身近で馴染みやすいのではないかと考えています。

> **4 政治への関心は地方から？？**
>
> 　地方議員の方が話の内容が馴染みやすいという経験を一つご紹介します。20代の投票率向上のために活動する「ivote」という学生団体があります。選挙期間中に大学などで「投票に行こう」というビラをまいたり,「期日前投票所を大学内に置こう」といった運動などをしているのでご存じの方も多いと思います。その「ivote」の特色ある企画に「居酒屋 ivote」があります。議員を居酒屋に呼んで,ざっくばらんに学生と議員が政治などの話をするという企画です。私は大変興味を持ち,国会議員を招いた会(2015年6月)にオブザーバーとして出席しました。その時,ある学生が与党議員に「安保法制は違憲なのではないですか？」と直球ど真ん中の質問をしたところ,議員から「反対ならば『対案』を出して下さい」といわれて黙ってしまいました。私は喉まで「違憲ならば『対案はいらない！』と反論しろ!!」との言葉が出かかりましたが,オブザーバーなので静かにしていました。反省会で「居酒屋 ivote」の企画運営者の学生さんに対し,この話をしたところ,やはり国会議員相手だと知識量などに差が出てしまい,質問して反論されると返せなかったり,そもそも質問も出ず「お説の拝聴」で終わることも多いとのことでした。それに対し,地方議会議員を招いた「居酒屋 ivote」だと,テーマとして学校の統廃合や公共施設の利用料の値上げ問題,道路計画の見直しなどが語られ,積極的な意見や質問が相次いだようです。このことから,やはり政治は身近な問題からはじまることを確認した気がします。

最後に，議会などへの直接行動についてです。76ページ以降で詳しく触れますが，平成27年10月に，昭和44年に文部省（当時）から出された「高校生の政治的活動」に関する通知（昭和44年10月31日文初高第483号初等中等教育局長通知）が緩められました。この通知の変更に伴い，高校生はデモや集会への参加などの直接行動を行うことが出来ることになりました。当然教員が，「デモに行ってこい」と言うことは出来ませんが，「『反対の意思表示』として，デモに参加することは出来るよ」との説明をすることは出来るわけです。その意味で今後は，「難しいことは政治家にお任せ」という「お任せ民主主義」からの脱却をはかる指導や教材が必要となってくるでしょう。

> **5 新しい民主主義はおこるか？**
>
> 　2015年，「安保法制」に関連して，国会前でSEALDs（シールズ：Students Emergency Action for Liberal Democracy − s「自由と民主主義のための学生緊急行動」）が行動をおこして注目を集めました。私はその活動に興味を持ったので国会前に行き，何人かの学生と話をしました。「なぜ，このような行動を取るの？」との質問に，「日本は民主主義国家なのだから，自分の意見を議員や議会に主張するのは当然だ」との答えでした。いわゆる「70年安保闘争」の時，私は小学生でしたが，テレビのニュースで闘争の激しさを見ていました。しかし70年安保当時とは異なり，SEALDsは，太鼓をたたきラッパを鳴らしながら，「民主主義って何だ」「これだ」とラップのリズムに乗って連呼しているだけです。まわりには，確かに機動隊はいましたが，小競り合いさえ起こらず，集会終了後は，参加者がゴミなどを拾ってから帰る姿が印象的でした。参加者の中には高校生もいると聞いています。久しぶりに「日本の民主主義は変わりつつある」と実感した瞬間でした。

第1編　主権者教育への疑問に答える！

　「副教材」や「指導資料」はどのように使ったらよいのですか？

　2015年9月に「副教材」（右上）と「指導資料」が，文部科学省と総務省のホームページにアップされ，年末には全国の高校生と先生方に印刷物として配付されました。その後，この教材を利用して「主権者教育」を実施して欲しい旨の通知などが出されています。2015年6月の公職選挙法改正（選挙権年齢の引き下げ）の時は，学校現場の反応は「ついに選挙権年齢が引き下げられるのか」程度でしたが，これら副教材が届くと，私が各地に「主権者教育」のお話をしに行くと，先生方から質問が数多く出されるようになりました。質問では，「主権者教育を行えというが，『いつ，どの時間を使って，誰が，どのような教材を使って』行うのか？」「『中立』とはどのように守ればよいのか？」「教員は生徒にどこまで発言してよいのか」という内容が「ベスト3」でした。これら

の質問については順番にお答えするとして，質問以外にも，新聞各紙も含めて，「この『副教材』や『指導資料』は『べからず集』だ」という批判もありました。

　さて，この「副教材」や「指導資料」は「べからず集」なのでしょうか？

　特に，「副教材」の「参考編」にある「投票と選挙運動等についてのＱ＆Ａ（そのなかでも，特に94～100ページのＱ9～21）」，「指導資料」中の解説の随所（特に48ページからの「7．公職選挙法上の留意

点等について」など）や「指導上の政治的中立の確保等に関する留意点（72～84ページ）」とその「Q＆A（85～93ページ）」などは、そう思われるかもしれません。

しかし、そのかなりの部分は「公職選挙法（以下「公選法」）の解説」で、あたりまえの法解釈や注意事項の列挙に過ぎません。それでも「べからず集」に見えてしまうのは、公選法そのものが「あれをしてはダメ」「これをしてはダメ」という法律だからなのです（しかし実際のところ、大半の条文は「投票所をここに置く」などの手続規定です）。これらの規定を知らないで、高校生が公選法違反に問われないよう、お節介ながらも注意を促しているにすぎないのです（それにしても、こんなに注意しなくてはならないことがあるのだと、今更ながら驚かされます）。学校としては、高校生を「犯罪者」にするわけにはいきませんから、これら注意点をしっかり教えることとしても、「副教材」は本来あるべき姿である「18歳から選挙権が行使できるようになったよ」「政治活動や選挙運動も出来るようになったよ」と**できるよ集**として活用していくべきだと考えています。

ところで、これらの解説などに違和感を感じるとしたら、解説などが読みづらいからではないでしょうか？　今回の「副教材」や「指導資料」は短期間で作成したため、平易に解説できず、法律をそのまま書いたような部分がその解説部分なのです。私は、書きぶりの変更を文科省に頼みましたが、「時間がない」ということでそのままとなってしまいました。内容などが難しく感じられるならば、選挙管理委員会の出張授業などで解説してもらうことを勧めたいと思います。

前置きが長くなってしまいましたが、私は各地でお話しをするとき「この『副教材』や『指導資料』は**べからず集**と読まずに、文部科学省や総務省が公式に示した**ここまでOK集**と読んで下さい」とお願いしています。つまり、この「副教材」や「指導資料」に書いてある教材を使い、注意点に留意しながら授業を行えば、文科省の「お墨付き」をもらうことになるのですから「誰からも文句は言われない！」と

いうことになるわけです。多くの先生方が「中立とは？」「どこまで発言してよいのか？」などで悩まれていると聞いていますが，その答えはこの「副教材」や「指導資料」の中にあるわけです。「**中立**」を**クリアーする方法**はこの「指導書」の中に３点示されています（49ページ参照）。この手法で授業を行えば，「中立」の問題は何も問題なく「**セーフ**」なのです。そのように利用していただきたいと思っています。その意味で，困ったことがあったら，この「副教材」に示してある教材をベースに，各高校で教材を作成されることが一番確かだと思います。

また，「副教材」に関して「これでは我が校の実情に合わない」「本校にあった教材はないのか」などの声が聞こえてきます。しかしこの「副教材」は，「標準的な高等学校」を想定して作成しました。もともと高等学校は，各校「千差万別」です。その千差万別をすべて網羅するような教材を提案するとしたら，いったいどれくらいのページ数になるでしょうか？　作成協力者の意図としては，「このような授業や教材はどうですか？　学校の実情に合わないようならば，学校ごとにこの教材を編集してお使いください」という提案集なのです。さらに「主権者教育の教材は，ここに示したものだけではありません。これからは，学校現場が実践を積み上げて，各校にあった『主権者教育』の教材を開発して，開発した教材を交換し，研究授業などで検証してください」という意図も含まれています。ですから，「副教材」をそのまま実践する必要はありません。いろいろ手を加え，各校の実情に合ったものに作り直していただきたいと思います。

3. 教材作成と授業実施上の注意点

Q8 どのようなことに注意して教材作成を行えばよいのですか？

　ここでは、「主権者教育」教材作成の際や、「主権者教育」を実践する際の注意事項などをまとめておきたいと思います。この章を読んでいただければ、おそらく多くの先生方が持たれている主権者教育への疑問は解決されると思います。

　まず1点目は、教材作成の際には「アクティブ・ラーニング」を取り入れていただきたいということです。

　まず、2つの資料を見ていただきたいと思います。

　資料12は、有名なラーニングピラミッドです。ある授業メソッドで授業を行ってから、たとえば1か月後、生徒にどのくらい授業内容が定着しているかを示しています。このラーニングピラミッドの「％」の根拠は乏しいことが指摘されていることには注意が必要ですが、現場の教員は、「％」がなくても経験的にこのピラミッドの構造そのものは正し

資料12　ラーニングピラミッド

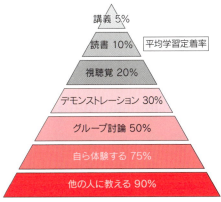

(Dale, Edgar (1946)「The"Cone of Experience"（経験の円錐）」)

いと感じるはずです。

　さて，この「ピラミッド」から，「チョーク&トーク型」の講義による授業に比べて，視聴覚に訴えたり，グループで討論させたり，他の人に教えさせたりすると，授業内容の定着率が高まっていくことが読み取れます。特に，「他の人に教える」という授業メソッドが一番定着率が高いということは，これからの授業作りに役立つと思います。

　次の資料13は，明るい選挙推進協議会（明推協）によるアンケートの集計です。この資料は，高校生を含む20代前半までの若者が「政治や選挙に関心を持つためには，このような授業をして欲しい」と望んでいるものです。アンケート結果の上位を見ると，「新聞記事を使った授業」を望むのは，やはり「現実の政治」を知りたいからなのでしょう。また，「模擬投票体験など」が高いことも，「選挙とはどのようなものか知りたい」という気持ちが伝わってきます。さらに，「ディベートや話し合いを行う」も高い数値を出してます。

資料13 高校生が政治や選挙に関心を持つためには，何をすればよいと思いますか

(%)

	新聞記事を使った授業	ディベートや話し合いを行う	模擬投票体験など	受付事務体験や投票啓発行事に参加	議会傍聴に行く	高校生議会開催	政党関係者からの政治の話
全体	35.1	33.9	31.9	20.5	24.0	21.6	19.2
15歳	36.7	29.2	34.5	20.4	27.4	22.1	23.5
16歳	30.1	25.0	28.9	22.2	24.2	20.2	22.5
17歳	35.1	33.8	26.2	19.0	26.2	20.0	20.0
18歳	37.3	39.2	33.4	19.0	28.0	21.7	23.2
19歳	42.1	38.2	33.9	18.9	20.4	23.9	20.4
20歳	33.3	35.1	35.8	19.1	20.8	20.5	19.4
21歳	33.3	36.6	31.2	20.4	24.0	17.6	16.8
22歳	35.1	35.1	31.6	21.4	20.8	21.7	15.3
23歳	35.5	34.1	34.8	24.1	24.7	26.4	19.4
24歳	33.5	33.2	29.8	20.2	23.6	22.0	12.4

■第1位　□第2位　　　　　　　　　（明推協HPより）

Q8 どのようなことに注意して教材作成を行えばよいのですか？

　また資料14は，宮崎選管のアンケートです。ここからも，高校生は政治や社会問題を理解することを望んでいるようです。さらに「議論の大切さ」を教員以上に意識していることが読み取れると思います。

　さて，この3つの資料から，選挙に関する知識・理解を定着させたり，関心を持たせさせたりするためには，「何を学ぶか」も重要ですが，「どのように学ぶか」も重要だということが導き出されると思います。全国に配付された「副教材」の中で取り上げられている教材が，ほぼすべてアクティブ・ラーニングである理由はここにあるのです。

　アクティブ・ラーニングとは，「教員による一方向的な講義形式の教育とは異なり，学修者の能動的な学修への参加を取り入れた教授・学習法の総称。学修者が能動的に学修することによって，認知的，倫理的，社会的能力，教養，知識，経験を含めた汎用的能力の育成を図る。発見学習，問題解決学習，体験学習，調査学習等が含まれるが，教室内での

資料14 政治や社会問題に対する関心を高めるために，どの取り組みが効果があると思いますか？（3つ以内で選択）

※1

	選択肢	回答人数	全生徒に占める割合
1	ニュース等で話題になっている政治や社会問題を，学校で先生から説明してもらう	16,327	53.3%
9	テレビや新聞，インターネットなどのニュースを見る	14,936	48.8%
2	学校で，政治や社会問題について，生徒同士でディベートや話し合いをする	7,455	24.3%
4	議会の見学（傍聴）に行く	6,592	21.5%
3	知事や市町村長，議員を学校に呼んで，話を聞いたり，意見交換する	5,748	18.8%
5	学校で，模擬選挙を体験する	3,953	12.9%
8	政治家のホームページやブログを読む	2,875	9.4%
6	選挙の時に，投票所などの事務を手伝う	2,741	8.9%
10	その他	1,935	6.3%
7	政治家の活動報告会に参加する	1,827	6.0%
	有効回答計	64,389	

※1 アンケートに回答した全生徒（30,632人）に占める割合

グループ・ディスカッション，ディベート，グループ・ワーク等も有効なアクティブ・ラーニングの方法である」（文科省ＨＰ「新たな未来を築くための大学教育の質的転換に向けて～生涯学び続け，主体的に考える力を育成する大学へ～（答申）（平成24年8月28日）用語集」）と定義することが出来ます。しかし，50分，すべて生徒を動かす必要はありません。例えば，「20分間講義を行ったのち，講義をもとにした知識・理解の上に20分間グループワークを行う。その後，10分間，グループワークの結果を各班に発表させながら授業者がまとめていく」という授業も，立派なアクティブ・ラーニングを取り入れた授業といえることに注意が必要です。

　ただし，アクティブ・ラーニングを実践するためには，教える側に「発想の転換」が必要です。具体的には，指導者の役割が，「教える存在」から「ファシリテーター」へと変わることで，「教えない存在」とならなければいけないことを理解しなくてはなりません。教員というのは，とかく話し好きなので，「ぐっと我慢する」ことが必要となります。この点は，これから主権者教育の教材作成において，十分な配慮を行わなくてはならない事項でしょう。

　以上のことから，「主権者教育」教材作成でまず第1に配慮すべきことは，アクティブ・ラーニングを取り入れた教材を作成することです。

Q9 選挙期間中に使用する教材の作成や授業では，どのような注意が必要なのですか？

例えば，2016年7月の参議院議員通常選挙など，実際の選挙に合わせて実施する模擬選挙（「副教材」62〜71ページ）については，現実の具体的な政治的事象について，各党や候補者の主張を公約などの様々な情報から判断することによって，具体的・実践的な政治的教養をはぐくむことができるなど有益な点が多いと指摘されています。

その一方で，選挙運動期間に合わせて模擬選挙を実施するということは，公選法上，様々な制限があり，それらに抵触することがないよう留意して実施する必要があります。そのため，特に選挙運動期間中に模擬選挙を実施したり，「主権者教育」を行う際の教材作成については，選挙管理委員会などとの連携を図ることが望まれています。同時に，選挙管理委員会などと連携することは，選挙公報などを入手したり，投票箱などのような器具を借りることも出来るので，学校としてもメリットが大きくなります（連携の方法などについては69ページ参照）。

▶ 6 選挙管理委員会以外の連携先

選挙管理委員会以外では，「模擬選挙推進ネットワーク」との連携を勧めます。このネットワークでは，模擬選挙の実施を表明した学校や団体に対し，投票用紙やワークシートの雛形の提供，各政党から提供された政党ポスター・マニフェストの送付などを行っており，現場の負担感を減らしてくれています。同時に，現実の選挙と同時に行う模擬選挙の注意事項も詳細にレクチャーしてくれます。詳細は，ネットワークのホームページ（http://www.mogisenkyo.com/）で確認してください。

このような理由で，模擬選挙を含む教材は，「**選挙期間中**」と「**選挙期間外**」で分けて考える必要があります。例えば，

①実際の選挙に合わせて実施する模擬選挙では，校内で行った模擬選

挙の結果は，**実際の選挙結果確定後まで公表できないことになって**います。この点に関しては，「指導資料」49ページに，「公職選挙法第138 条の３は，『何人も，選挙に関し，公職に就くべき者を予想する人気投票の経過又は結果を公表してはならない。』と規定している。実際の選挙に合わせて実施する模擬選挙において，政党などに対して模擬投票を行うことは公職選挙法上の『人気投票』に当たることから，模擬選挙の結果を公表することはできない。この規定は人気投票そのものを禁止したものではなく，当該選挙の当選人確定後であれば公表しても差し支えないと解されており，授業において模擬選挙の結果を扱う場合には，この点に留意する必要がある」との解説があります。ですから，実際の選挙の結果と校内で行った模擬選挙の結果を，すぐに比較できないというデメリットがあります。

②選挙運動期間中に，ビラやパンフレット，ポスターなどの**選挙運動のために使用する文書図画を頒布・掲示することは公職選挙法上，制限**されており，公職選挙法が認めた文書図画しか頒布・掲示することはできません。また，その枚数，頒布や掲示できる場所など様々な制限規定があります。下記のような諸点について，配慮する必要があります。

A．各党の政策をまとめた冊子状の公約集（マニフェスト）は，選挙運動期間中は，一定の場所でしか頒布することができないため，教育活動のために学校が生徒に配付することは「**アウト**」とされます。マニフェストを授業などで使用するときは，生徒が自ら街頭演説などの場で入手したり，ホームページ上からダウンロードして入手したりする必要があります。

B．新聞社などが作成する各党の政策が記載された選挙関連のサイト（いわゆる「まとめサイト」）や新聞に掲載された「マニフェスト比較一覧」などは，一般的には選挙運動のために使用する文書図画には当たらないと考えられています。そのため，教員が生

徒に対し，そのようなまとめサイトを印刷し，配布することは**「セーフ」**です。

C．教員が各政党のマニフェストなどをまとめる場合，各政党の主張を平等にまとめない限り，選挙運動のために使用する文書図画と認められるおそれがあります。そのため現実的には実施しない方がよいと考えます。

③生徒にどの候補者や政党へ投票したいかを尋ねたり，自分の支持する候補者や自分の支持政党を明確にしなければ議論できないような課題設定を行ったりすることについては，たとえ教育的なねらいがあったとしても，満18歳以上の生徒にそのような指導を行うことは出来ません。

④**満18歳未満の高校生は，選挙期間中の選挙運動が禁止**されていますので，主権者教育を実施する際には十分注意が必要となっています。この点に関しては，「副教材」50～52ページに詳細に解説されています。「主権者教育」の目標の一つに「教え子に選挙違反を行わせない教育を行う」ということがあるはずです。その意味で，「べからず集」と言われても，選挙運動の禁止事項は，生徒にキチンと理解させておくべきだと思います。ただし，まず「有権者として『選挙運動』や『政治活動』が出来るようになった」ことが大事で，その権利を行使するときに「このような注意事項がある」という順番で話をしていただきたいと思います。

このように，「選挙期間中」には様々な制限がかかっています。そのため，模擬選挙を行う時期をあえて選挙運動期間から外し，前後にずらすなど実施時期を工夫することで，実践に取り組みやすくなることもあるわけです。

例えば前回の選挙の資料を使って模擬選挙を行った後，すぐ開票して，以前実施されていた本物の選挙結果と比較できることがあげられます。ただし注意点として，「模擬選挙を選挙運動期間から外して実施する場合，過去の資料を活用することとなるため，現在の

政党等の主張とは異なる場合もあることに留意することが必要」でしょう（「指導資料」50ページ）。

　選挙期間中の注意点の反対が，「選挙期間外」の教材などです。つまり

A．マニフェストなどは学校が用意し，配付してもよい
B．教員が，各政党の「マニフェスト比較一覧」を作成してもよい
C．何歳の生徒であっても，選挙期間外なので各種の行動は「選挙運動」にあたらない

　ことになり，授業の自由度が増すことになって，メリットは大きいと思います。最終的には，実際の選挙に合わせて実施する模擬選挙の「現実感」と授業の「自由度」との比較で，どちらかの授業メソッドを選択するかを考えることになるでしょう。

Q10 どのように「中立」の問題をクリアーしたらよいのですか？

　私は「副教材」の作成協力者として各地でお話をしていますが，その中で一番多い質問は「中立」についてでした。ここでは，まず私見を述べたのち授業でどのように「中立」を確保したらよいのか，またその教材を提案したいと思います。

　まず，そもそも「『中立』とはなにか？」という議論です。「中立」とは，「対立するどちらの側にも味方しないこと。また，特定の思想や立場をとらず中間に立つこと」とされています（『大辞泉』）。つまり「真ん中」です。理論的に「真ん中」はあるのでしょうが，現実の政治の世界ではあり得ません。資料15で示したとおり，「A党とB党の主張の真ん中」と「A党とC党の主張の真ん中」は当然違うものだからです（具体的に政党名を当てはめて考えるとわかるはずです）。このように考えると，ある人物（政党）が「主権者教育は中立であるべきだ」と主張するとき，その人物（政党）と教育現場が異なる対立政党を想定していた

Q10 どのように「中立」の問題をクリアーしたらよいのですか？

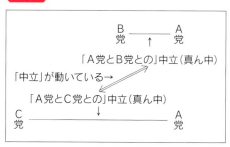

資料15

場合、「その立場（授業）は中立ではない」と非難されることになってしまうのです。このように本来、普遍的とはいえない「中立」の名の下に様々な問題が各地でおきてきたわけです。

　そこで各地でのお話しのなかで私は、授業における「『中立』は『公平』と読み替える」ことを提案しています。「公平」かどうかは手段・方法の問題だからです。

　具体的には、政党の政策を授業で扱うときは、すべての政党のマニフェストを利用し、また、議員を授業に呼ぶときは、すべての会派に声をかけることです（「来る」「来ない」は会派の問題です）。そうすれば「公平」は十分に担保できるはずです。このような方法をとれば、立場によって流動する「中立」にかわり、授業で扱う教材などへの不安が払拭でき、どのような立場の方も納得でき、実態にあう授業が行えるはずだと考えています。

　以上が私見に基づく「中立」のとらえ方です。

　次に「中立」に関して教員のとるべき授業方法について「指導書」の記述から3点提案したいと思います。

　第1は、政治的対立がある問題（テーマ）を授業で扱う際は、「A説」「B説」のように両論を併記し、生徒自らに考えさせることです。そのような授業を心がければ「**セーフ**」です。伝統的に、政治的な争点を扱うことが多い政治・経済などでは、例えば「自衛隊の違憲・合憲」に関して、現場の先生は、双方の根拠をきちんと説明することで対応してきたので、このような対応をとることは容易だと思います。この点について、「指導資料」21ページは、「現実の具体的な政治的事象について指導で取り上げる場合には、教員が複数の観点について解説し、生徒に考えさせることが求められる」また、「多様な見方や考え方のできる事柄、

未確定な事柄，現実の利害等の対立のある事柄等を取り上げる場合には，生徒の考えや議論が深まるよう様々な見解を提示することなどが重要である」と記述しています。

　第2は，上記のように「A説」「B説」を示したとしても，「教員の口はひとつ」であるため，どうしてもどちらかの説に傾くことがあります。そのような場合は，<u>複数の資料（新聞など）を利用して，対立点やその根拠などを，生徒が自ら調べ，まとめ，発表し，討論して判断させるようにすること</u>です。例えば，対立する立場の新聞から問題の争点を取り出させるとか，選挙公示日の「党首の第一声」から各党の一番の主張を取り上げ比較させることなどが考えられます。この手法をとった場合でも，教員による知識面の手助けは必要です。これまでも，生徒の調べ学習などでは，例えば，「個別的自衛権」と「集団的自衛権」の定義の違いは教員が補ってきました。知識・理解を深めることは，当然教員の仕事です。この点について，「指導資料」21ページには先ほど示したように「多様な見方や考え方のできる事柄，未確定な事柄，現実の利害等の対立のある事柄等を取り上げる場合には，生徒の考えや議論が深まるよう様々な見解を提示することなどが重要である」との説明があり，また，資料について，「新聞等を活用する場合も多いと考えるが，新聞等はそれぞれの編集方針に基づき記事を記述していることから，現実の具体的な政治的事象を取り上げる際に副教材として使用する場合には，一紙のみを使用するのではなく，多様な見解を紹介するために複数の新聞等を使用して，比較検討することが求められる」と記述しています。つまり，**生徒自らが複数紙を比較検討する授業**は何ら問題はなく，**「セーフ」**であることが示されているわけです。さらに，対立する争点がないならば1紙を示すだけでよいのです。「1紙だけの例」を質問されますが，「北朝鮮の『核実験』」は，「賛成」の人はいないと思いますので1紙でよいと思います。

　ただしこの手法の課題は，調べ学習の前提として，生徒の「メディア・リテラシー」育成の必要性があることです。「メディア・リテラ

Q10 どのように「中立」の問題をクリアーしたらよいのですか？

| COLUMN 》「中立」をめぐる諸問題 |

　具体的におきた問題として，新聞から引用してみます。「山口県立柳井高（同県柳井市）で6月，2年生の授業で行われた安全保障関連法案に関する模擬投票の中立性が不十分だったとして，県教育長が県議会で謝罪していたことが4日，分かった。出席した県議が明らかにした。模擬投票は，法案への賛成・反対でグループに分かれて議論し，どの主張に説得力があったかを問う形。3日の一般質問で自民党県議は，投票の参考資料に配ったのが朝日新聞と日本経済新聞の2紙だけだったとして『政治的中立性に疑問を感じる』と県教委にただした。これに対し，浅原司教育長は『学校への指導が不十分だった』と謝罪した。」（2015年7月4日，共同通信）というニュースが大きく報道されました。その後，今回配付された「副教材」の使用に関して，山口県教育委員会は独自の利用方法を示しています。このような動きは，宮城県など他の地域にも見られているようです。

　ただしこのようなことは，現在では問題となりません。58ページに示しましたが，「指導資料」には，生徒自らが**複数紙を比較検討する授業**は「**セーフ**」であることが示されています（21ページ）。この事例は，副教材や指導資料が公開・配布される前の混迷の時期のものであり，現在では決着がついているものです。

　また，「選挙権年齢を18歳以上に引き下げることに合わせて政治参加の意識を高める主権者教育で，高校の教員が『政治的中立』から逸脱した場合，罰則を科す案が25日，自民党で浮上した。『偏向教育を防ぐ』ことを目的とし，関連法の改正を求めるが，党内には慎重論もある。」（2015年6月26日，朝日新聞）との自民党内の動きもありました。これらの動きは，現場教員への「主権者教育」の萎縮効果を明らかに生んでいます。

シー」の育成については，特定の新聞の論調を無条件で支持するようにならないような態度を育成することはもちろんです。しかし，ほとんどの家庭が1紙しか新聞を取っていない現状であることを考えると，教員側が意識して2紙以上を比較検討させる必要があるはずです。同時に，教員も1紙しか取っていないことがほとんどである現状の改善をはかる必要もあるでしょう。また，最近は新聞もとらない家庭も多く，ネットで社会情勢を知る生徒もいるはずですが，新聞を利用する授業などについては58ページを参照して下さい。

　第3は，「原子力発電所再開の是非」などのような，教員が授業で説明することに困難さを感じるテーマの場合です。そのような場合は，教

第1編　主権者教育への疑問に答える！

育メソッドとして「ディベート」を勧めたいと思います。ディベートならばこのようなテーマでも資料を集め，考察し，論争することによって公平に問題を比較することが出来たり，議論を深めさせたりすることが出来るからです。「指導資料」の27ページは，「ディベートは机上のものではなく，自ら一次資料に当たり多面的・多角的に調べ，論理的に考え，調べたことや考えたことを積極的に発言し，議論して望ましい問題解決の在り方を考えさせるために行うものである。また，賛否の明確な資料に基づき，考え，意見をまとめて根拠を示して発言する活動であるため，様々な教科，総合的な学習の時間，特別活動などに応用できる教育メソッドである」と記述しており，価値や鋭い争点を含むテーマを客観的に分析できる手法とされています。

▶ **7 教育メソッドをたくさん身に付けておきたい理由は？**
　「副教材」には，討論の方法，ディベート，地域課題の見つけ方，模擬選挙，模擬請願，模擬議会など様々な教育メソッドが示されています。授業には「目標」があり，その目標達成のために「教材を選択」し，その教材を一番生かす「教育メソッド」を選ぶはずです。そのように考えると，教員は多くの教育メソッドを身に付けておけば，幅広い教育活動が出来ることになるはずです。

　ディベートで扱いにくいテーマの場合，テーマを「原子力発電所再開の是非」ではなく，「30年後の日本の電気エネルギーの供給はどのようになるべきか」という大きなテーマに変えることが考えられます。このような大きなテーマに変更することで，「世界の化石資源の枯渇問題」「自然エネルギーのメリット・デメリット」などと同時に「原子力発電のデメリット・メリット」を考察したり，「世界の原発の状況」も検討することができ，原発を含むエネルギー問題を広く，深く学習できることになります。このようなテーマの変更を，三重大学の山根栄次教授は「中立項的な問題設定」と呼んでいます（「Voters」（明推協）　No.268〜9ページ）。

Q10 どのように「中立」の問題をクリアーしたらよいのですか？

COLUMN 高校生のメディアを通した理解度は？

宮崎県選挙管理委員会のアンケート資料16，17から，高校生のメディアの選択や，その理解度が浮かび上がってきます。

資料16は，「どのメディアで，政治や社会問題などのニュースを見聞きしますか？（3つ以内で選択）」との問への回答です。「テレビ」が第1位なのは「なるほど」と思いますが，第2位の「インターネット（スマホ・タブレット端末等）」，第4位の「インターネット（パソコン）」の合計が73.7％に達していることに驚かれたのではないですか？　小学校からインターネットを中心に「メディア・リテラシー」の教育を受けてきたとはいえ，この数字からさらにメディア・リテラシー育成の重要性が見えてきます。

資料16 どのメディアで，政治や社会問題などのニュースを見聞きしますか？（3つ以内で選択）

※1

	選択肢	回答人数	全生徒に占める割合
1	テレビ	26,360	86.1%
5	インターネット（スマホ・タブレット端末等）	17,565	57.3%
3	新聞	7,613	24.9%
4	インターネット（パソコン）	5,012	16.4%
2	ラジオ	1,822	5.9%
6	その他	993	3.2%
7	ニュース等を見ない	731	2.4%
	有効回答計	60,096	

※1 アンケートに回答した全生徒(30,632人)に占める割合

資料17

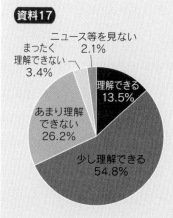

資料17は，資料16の問いに続けて，「ニュース等を通じて，政治や社会問題が理解できていますか？」という問いに対する回答です。「理解できる」「少し理解できる」を合わせると68.3％であり，理解はされていると読み取ることも出来ます。しかし，実は回答の「『少し』理解できる」の「少し」がどのくらいか分からないのです。近年の高校生の「少し」は，「本当に少し」，「あまり分からないが，ちょっとは分かる」，「自分なりの解釈は出来ている」「偏った情報から理解が出来ている」などが相当数入っており，幅があるように感じられます。

いかがでしょうか。この「副教材」や「指導資料」が**「べからず集」**ではなく**「ここまでOK集」**だということが分かっていただけましたか？

こうした対策があるとはいえ、「中立」に関するプレッシャーが現場に与えている萎縮効果は依然として深刻です。

ある講演会で「本校は中堅校で、AO入試や推薦入試での進学希望者が多いのです。AO入試などでは朝日新聞の天声人語が出題されることが多いため、天声人語の要約やその小論文指導などを毎週行っているのですが、これは『朝日新聞』寄りの生徒を作り出しているとの批判を受けてしまう気がします。他の新聞も使うべきでしょうか？」との質問を受けました。これこそ萎縮効果の最たるものでしょう。

授業には「**目標**」があり、その目標達成のために「**教材を選択する**」ものです。この小論文指導の目標が「AO入試などでの合格」にあるのだとしたら、その目標達成のために一番効果的な教材が選択されなくてはなりません。もし「中立」を求めるあまり、他の新聞を使って入試に失敗したらどうなるのでしょうか？　まさしく学校の指導方針そのものが問われることになります。

同様にこのようなものもありました。「選挙期間中の主権者教育は制限があることは分かりました。マニフェストなどを教員が比較したらいけないということですが、選挙期間中に、<u>教科書にある『政党政治』の項目などでは政党の実名が出てきますし、その政党の性格付けも出てきます。それを教えても大丈夫ですか？</u>　例えば東京書籍では、『自民党は官僚制と密接な協力関係を築くとともに、利益誘導型政治によって広範な業界団体や利益集団の支持を集めた。……（中略）自民党内では有力な派閥が資金力を背景に首相の座をめぐって争い…』との記述があります。過去のこととは言え、選挙期間中に授業で扱えるでしょうか？」との質問でした。

その時私は、「学習指導要領に基づいた教科書の記述内容なので、選挙期間にかかわらず授業を行ってよいと思います。しかし心配ならば、

Q10 どのように「中立」の問題をクリアーしたらよいのですか？

> **COLUMN ここまで萎縮が進んでいる！**
>
> 　各地でお話をしていると，本当にいろいろな質問を受けます。その中に，「議員からの『来賓紹介』や『祝電披露』はどうしたらよいのでしょうか？」という質問がありました。
> 　全国47都道府県すべての例を知っていいるわけではありませんが，私の知り合いのいる半分程度の都道府県では，すでに現在「来賓」として議員に出席を依頼することをやめています。また祝電も（先方から一方的に送られてくるので拒否するわけにはいきませんので）昇降口等に掲示しておき，「祝電披露」では，例えば中学校からの祝電だけ披露し，「残りは時間の関係で，昇降口に掲示してあります。」と紹介にとどめている例がほとんどでした。
> 　しかしこの質問からも，現場の萎縮度が分かると思います。

カリキュラムマネジメントで，うまくコントロールしてはいかがですか？」と申しあげましたが，後日あらためて検討し，各方面と調整した結果，現在では次のような回答が正しいと考えています。

「公選法を司る総務省的に回答すれば，選挙運動期間中に政党についての説明をすることも『選挙違反となるおそれがある』といわざるをえないでしょう。

　外形的に，その場面だけを切り取ってしまうと，授業者の意図は内面にあるものであるため判読できないからです。

　しかし，これは裏を返せば選挙運動を行うという意図を持って教科書に掲載されている政党を説明したのであると論証することも難しいため，現実的にはこの行為のみをもって起訴されるということは非常に考えにくい事柄だと思います。

　高等学校学習指導要領総則にある『生徒が学習の見通しを立てたり振り返ったりする学習活動』を意識し，**本単元（本時）の授業のねらい（目標）が何であるのかを生徒全員に理解させてから**通常の授業を行い，最後には振り返る，ということを丁寧に行うことで，うがった見方をする生徒などが仮にいたとしても，他の生徒が授業のねらいに即した展開であったと証言してくれるので，先生自身も守られることになると考え

ます。」

　つまり，授業には「目標」があり，その目標をきちんと生徒に認識させて「教材」を扱えば問題はないことになるのです。つまり，生徒や保護者などには，授業の目的・趣旨などをきちんと説明することが必要になるということです。

　私は高等学校の教員時代，「この問題に関しては，家に帰って保護者の意見を聞いてきて下さい」とか，「家に帰って保護者に身近な課題を3つヒアリングしてきて下さい」との宿題をよく出していました。家族との会話を大切にすることも目的でしたが，私の授業で「どのようなことを行っているか」を知ってもらう機会ととらえていたからです。保護者に，私の授業の「目標」「意図」「内容」などを理解しておいてもらえれば，「多少の不用意な発言」などがあっても，普段の理解があることで一笑に付してもらえると考えていたのです（事実，30数年間，教壇に立っていましたが，1回もクレームなどはありませんでした）。

　この点に関して，「指導資料」の22ページは，「学校で取り組む実践的活動については，現在の社会について探究しようとする意欲や態度をはぐくみ，公民としての資質を養うための指導であり，特定の党派教育を行うことを目的とするものではないことを，必要に応じて保護者に周知したり，当該指導を地域に公開することによって，学校の活動を正確に理解していただくよう配慮したりすることも有効である。特に，保護者や地域の人々の協力を得て活動に取り組む場合には，活動の趣旨を説明することが求められる」と記述しています。

　少し議論が発展しますが，前記の文中の「学校への協力」について，まさに教育委員会のバックアップが必要となっています。

　例えば，先ほどあげたような政治による「中立」確保の圧力の中で，現場教員は明らかに萎縮しています。1970年以降，「中立」を求める法律が制定されたため，教育現場では「現実の政治」を扱いづらくなり，そのことが投票率の長期低落傾向を招いたとの指摘もあり，現場教員にとっては，いまこそ教育委員会が「主権者教育」への応援を強め，

Q10 どのように「中立」の問題をクリアーしたらよいのですか？

学校で「主権者教育」がうまく進むようにバックアップして欲しいものです。その点については、「指導資料」22ページに、「政治的教養をはぐくむ教育の充実が図られるよう、教育委員会等においても、各学校における好事例や指導上の工夫をまとめたり、教員の研修を行ったりするなどの取組が期待される。さらに、都道府県単位で選挙管理委員会と教育委員会など関係部局が連携を図ることにより、各学校に対する協力が円滑に進むことも期待される」と記述しています。先ほどお話ししたように、一部の都道府県では、反対に教育現場を萎縮させているところもありましたが、教育委員会や管理職のバックアップこそ現在の教育現場には必要だということを強調したいと思います。

いくつかの県では、教育長が教員対象の研修会で、「『主権者教育』は、初めてのことなので、多少の問題は出るかもしれないが、そのようなことは恐れず…」と訓示していましたし、かなり多くの都道府県が、教育委員会が音頭をとって「主権者教育の教材作成」のプロジェクトチームを現場の先生達中心に立ち上げていました。いずれにせよ、教育委員会や管理職のバックアップなしには進んでいかないと感じています。

Q⓫ どのように資料として新聞を活用したらよいのですか？

　51ページに述べたように、「中立」をクリアーする方法の第２点目は、「多様な見方や考え方のできる事柄、未確定な事柄、現実の利害等の対立のある事柄等を取り上げる場合には、生徒の考えや議論が深まるよう**様々な見解を提示する**ことなどが重要である」（「指導資料」21ページ）でした。つまり、複数の資料を利用して対立点やその根拠などを、生徒が自ら調べ、まとめ、発表し、討論して判断させるようにすることです。「指導資料」は続けて、「その際、特定の事柄を強調しすぎたり、一面的な見解を十分な配慮なく取り上げたりするなど、特定の見方や考え方に偏った取扱いにより、生徒が主体的に考え、判断することを妨げることのないよう留意することが求められる」（同上）と注意を促しています。

　また、その資料として「新聞記事を活用して行うことは、指導方法として考えられることです」（「指導資料」91ページ）と、対立する問題を扱う際は、新聞を資料として活用することを認め、さらに、「その際、当該授業のねらいに照らして適切に取り扱うことが求められますが、政治的に対立する見解がある現実の課題については、現実の利害の関連等もあって国民の中に様々な見解があり、取り上げる事象について異なる見解を持つ新聞が見られる場合には、**異なる見解を持つ複数紙を使用すること**が望まれます。また、特定の課題について一紙のみが取り上げている場合等には、他の資料を活用するなど教員が適切に他の見解を説明することにより、取り上げた新聞も多様な見解の一つであることを生徒に理解させることも必要です」（「指導資料」91ページ）と記述しています。

　ここまででお分かりのように、政治的なテーマを扱う際は、新聞を利用することが、一番簡単な「資料提示」となります。また、46ページで説明したように、「選挙期間中」の各党のマニフェストの要約などで

Q11 どのように資料として新聞を活用したらよいのですか？

COLUMN メディア・リテラシーの確立

　メディア・リテラシーとは，「メディアが形作る『現実』を批判的（クリティカル）に読み取るとともに，メディアを使って表現していく能力のことである」（菅谷明子『メディア・リテラシー』岩波新書）とされています。具体的には，新聞，雑誌，テレビ，ラジオ，インターネットなど我々は日常生活では，様々な情報メディアに囲まれていますが，それら情報メディアを主体的に読み解いて必要な情報を引き出し，その真偽を見抜き，活用する能力を指します。

　「情報を評価・識別する能力」と言われることもあります。カナダやイギリスなどでは教育のカリキュラムに取り入れており，アメリカ合衆国では州によって異なっているようです。

　ここでは特に，「情報の受け手」の面を中心に考えていきたいと思います。

　「情報の受け手」として，情報メディアに接する際の注意点としては，発信された情報には，程度の差こそあれ，何かしらの偏り・嘘，操作（故意的隠蔽や誇張），間違った情報などが含まれていることを知り，それを踏まえてメディア情報の目的，内容，背景などを的確に読み取る必要があることを学ばなくてはなりません。その理由は，発信側としては故意がなくとも，事実上「情報の選別」を行っているからです。例えば，40人の生徒がいる教室には無数の情報が存在します。40人の生徒の名前，性別，生年月日，成績，身長・体重，好きな（嫌いな）食べ物，などです。その他，教室の床は木でできているか，タイルでできているか，担任の名前性別はどちらか，教室の大きさは，照明の明るさは，窓の大きさはどれくらいか…などです。もしあなたがこのクラスを取材して400字のニュースを書くとしたら，当然すべてを書くことは出来ずに，あなたの目を通して「この事実が報道するにふさわしい」というものを選んで記事にすることになるはずです。しかし，その報道する側の「報道すべき情報の価値」と，受け手が欲しい「価値ある情報」にギャップがあることが多いのです。ここにそもそものメディア・リテラシーの必要性があります。

　当然，権力などによる「情報操作」への懸念もあります。太平洋戦争中の「大本営発表」はもちろんのこと，独裁国家が情報を統制することも同じです。また近頃の日本でも，原発再稼働をはじめ，政府寄りでないニュースキャスターなどの降板が相次いでいるとの指摘もあります。さらに特に民放は，そもそもＣＭ収入に経営を依存している以上，「ＣＭのスポンサーの商品を批判しにくい」との意見がもともと存在していました。

　このような利害が絡む現状の中で，「情報の受け手」には，情報を受け取る際，「その情報は信頼できるかどうか」を判断することが必要になるわけです。具体的には，複数のメディアから同一テーマの情報を手に入れ，比較検討する必要があります。さらに一歩進めて，その情報を発信した側にはどのような意図・目的で情報を流したり，編集したか考え，各種情報の背景を読み取り，情報の取捨選択を行う能力も求められることになるわけです。

は，教員のまとめなどが制限されますが，新聞に掲載された「各政党のマニフェスト比較一覧」を印刷・配付することは「**セーフ**」なので，その点でも新聞利用は教員にとって便利です。

　問題は，「**異なる見解を持つ複数紙**」とは，「何紙を指すのか？」という点でしょう。この点については「公式見解」はありません。ただし，「指導資料」の趣旨は，政治的に対立する立場や主張，根拠を比較検討させたいのですから，「対立する立場」を代表する新聞を活用すればよいことになります。私見ですが，例えば「原子力発電所の再稼働の是非」ならば，朝日新聞，毎日新聞から１紙，読売新聞，日本経済新聞から１紙選べばよいと思います。「安保法制の是非」も同様でしょう。では，１紙ずつ，計２紙で十分かというと，私はさらに地元紙を１紙足すべきだと思っています。新聞も「全国からの視点」と「地元からの視点」があるのではないでしょうか？　ですから各地でお話しするとき，私は３紙を比較させることを勧めています。

　補足しておきますが，資料として新聞を利用する際，常に複数紙を比較する必要はありません。「対立する課題」がないテーマならば，１紙で十分です。

　ここで課題となるのが，「新聞を何紙購読しているか？」です。ほとんど家庭は，新聞は１紙しか取っていないと思います。その意味で教員サイドでは，生徒に意識的に複数紙を常に比較させていく必要があります。このような比較は，メディア・リテラシーを獲得させるためにも有効でしょう。

　しかし，さらなる問題があります。教員が「１紙しか取っていない」ことも多いことです。この点については，年々予算が減らされている現状でしょうが，「中立」を確保するためにも，学校で複数紙をとる予算を付けてもらう努力が必要となるでしょう。くれぐれも，「ネットで拾い読み」して教材を作成することのないようにして下さい。新聞を「丸ごと」読むことは，その記事が社会全体でどのくらい大きな記事か「ひとめ」で分かること（見出しの大きさや全体に占める記事の量（＝文字

Q11 どのように資料として新聞を活用したらよいのですか？

COLUMN　主権者教育とNIE

　NIEとは「News in Education」の略称で，学校などで新聞を教材として活用することです。1930年代にアメリカで始まり，日本では1985年，新聞協会が主催する第38回新聞大会（静岡で開催）で提唱されました。その後，教育界と新聞界が協力し，社会性豊かな青少年の育成や活字文化と民主主義社会の発展などを目的に掲げて，全国で展開されています。

　新聞界では日本新聞協会が活動の中心となっています。学校に新聞を提供する活動は，1989年に始まり，1996年に「NIE実践校」制度へと発展し，1997年には47都道府県全ての地域での実践が実現しました。この実践校の指定を受けると，一定期間，定められた新聞を無償で受け取れるというものです。学校現場が年々予算を削られているなかで，大変助かる制度です。私も2回実践校の指定を受け新聞をいただいていました。またこの制度とは別に，授業に利用するならば一定数以上の新聞をかなり安く（例えば，朝刊が40円など）購読できる制度もあります。詳しくはNIEのホームページを参照して下さい（http://nie.jp/teacher/book/）。

　また，全国の各都道府県に教育界，新聞界の代表で構成されるNIE推進協議会が設立され，地域のNIE活動の核となっています。具体的には，定期的な研究会活動，実践報告書の出版，NIEの経験が豊富なNIEアドバイザー（教員）の派遣などを行っています。

　さて，主権者教育はこれから「新聞」にお世話になることが多くなることが確実です。「中立」（→49ページ）や「新聞の活用」（→58ページ）の項目で指摘しましたが，「政治的に対立する見解がある現実の課題については，現実の利害の関連等もあって国民の中に様々な見解があり，取り上げる事象について異なる見解を持つ新聞が見られる場合には，異なる見解を持つ複数紙を使用することが望まれ」ているからです（「指導資料」91ページ）。

　さて，上記のように新聞利用の必要性が増したいま，授業などでの新聞の活用法を研究する必要が出てきたと思います。その際の入門編がNIE活動への参加だと思います。

　参加などについては，各都道府県におかれているNIE推進協議会の事務局（http://nie.jp/orglist/ に一覧表があります）に連絡することを勧めます。

量や面積））なのです。また，例えば自分の関心のあるテーマなどを追い続けることが出来ますし，全体を通して読むと「ハッとする記事」を見つける可能性も高まるなど，多くのメリットがあります。ただし，1時間も新聞を読むことはありません。私もザッと10～20分読み，必要なところを切り抜いているだけです。

第 1 編　主権者教育への疑問に答える！

Q12 「支持政党」を生徒に質問されたら，教員はどのように答えたらよいのでしょうか？

　「中立」とともに，議論になっているのが**教員はどこまで発言してよいか**です。この点に関しては，「現実の具体的な政治的事象について指導で取り上げる場合には，教員が複数の観点について解説し，生徒に考えさせることが求められる。そのため，生徒の話合いが一つの観点についてのみ終始し議論が広がらない場合などに，教員が特定の見解を取り上げることも考えられる。さらに，議論の冒頭などに，個別の課題に関する現状とその前提となる見解などを教員が提示することも考えられる」（「指導資料」21ページ）と記述されており，「生徒の議論を活発にするため」や「議論の論点整理などのため」の見解提示は「**セーフ**」であることが示されています。このような教員による見解の提示は，これまでも多くの教員が現場で実践してきており，文科省はそれを認め，今後とも行えることを示したと考えてよいと思います。

　各地の講演で多かった質問は，そのような原則の上で，さらに「生徒に意見を求められたらどうしたらよいのか」というものでした。この点に関して「指導資料」は，「しかしながら，教員は自らの言動が生徒に与える影響が極めて大きいことから，教員が個人的な主義主張を述べることは避け，中立かつ公正な立場で生徒を指導することが求められる」と記述しています（「指導資料」21ページ）。つまり「指導資料」の公式見解では，教員の個人的意見表明は「**アウト**」ということです。

　しかし，例えば授業終了後，生徒が「先生，先ほどの授業で『普天間基地の辺野古移転の是非』については両論あることが分かりましたが，先生はどちらの意見に賛成ですか？」と廊下で質問してきたとき，「いや，教員は『政治的中立』を強く求められているから，そのような対立するテーマには個人的な見解を述べられないんだ」と答えたらどうでしょうか？　生徒からの信頼を失う可能性もあると思います。それでは

Q12 「支持政党」を生徒に質問されたら,教員はどのように答えたらよいのでしょうか?

どうしたらよいのか,ここでは「教員の個人的意見表明」に関して,私見を示したいと思います。

第1に主権者教育が,主権者としての判断力や意見を持つための教育であるならば,教員も意見を持っていて当然だと生徒に理解させることです。「この授業でみんな自分の意見を持つことが出来たね。同じように私も自分なりの意見を持つことが出来たよ」との発言に続いて意見を述べることはありうることだと思います。

第2に,その授業が討論やディベートを取り入れた授業であるならば,その授業中に生徒達からたくさんの意見が出てきたはずです。それならば教員の意見もそれら「多様な意見の中の一つ」と生徒は理解するのではないでしょうか? 「指導資料」が危惧しているのは,教員の言動は「**生徒に与える影響が極めて大きい**」ということでした。さらにもう一歩進めて考えると,従来のトーク&チョークによる「教え込み」「私の授業内容を覚えろ」という授業形態が問題であり,それこそ「**教員は正しい**」=「**生徒に与える影響が大きい**」可能性があると言われてしまうのだと思います。その意味で私たちは,従来のチョーク&トーク型の授業からアクティブ・ラーニングなどへ授業形態を移行する必要があるのです。アクティブ・ラーニング型の授業後ならば,「みんな,たくさんの意見を出してくれたね。そこで相談だが,私の意見もその中に入れて欲しい」という発言はあり得るのではないでしょうか?

最後に,教育は教員と生徒との人間関係の中で行う作業だと考えています。その意味ではしっかりした人間関係があれば,教員による意見表明も「**ケース・バイ・ケース**」で「**セーフ**」になることもあると思います。例えば,半年授業を行い,保護者も含めて生徒達が教員の個性などを理解してくれているならば,生徒が教員の意見を聞きたがっているのに「教員は意見を言ってはいけないんだ」と言い続けたら,生徒が持つ教員への信頼感は低下することになると思います。

8 教員の意見表明の具体例

2015年2月に，私が行った沖縄県立コザ高等学校での「主権者教育」の授業終了後の質問タイムで，コザ高校の3年生に「先生の支持政党はどこですか？」と質問されました。当然コザ高校での授業ははじめてなので，上記1～3の理由を説明し，「まだ君とは人間関係が完全には出来ていないと思うので，今日はその回答はしません。ただし，1時間，授業を受けてくれたので，すこし人間関係は出来たかな？ということで，〇〇党支持とは言いませんが，私の基本的な政治的スタンスは…」と答えたところ，本心から納得した顔つきになりました。これは私にとって貴重な経験になりました。要は，教員が「なぜいま，ここで私は意見表明をしないのか」を，真摯に説明することが必要だと思います。

教員の意見表明に関しては，ドイツの政治教育の基本原則である**ボイテルスバッハ・コンセンサス**が有名です。

「①教員は，期待される見解をもって生徒を圧倒し，自らの判断を持つことを妨げてはならない。

②学問と政治の世界において議論があることは，授業でも議論があることとして扱わなければならない。

③生徒が自らの関心・利害に基づいて効果的に政治に参加できるよう，必要な能力の獲得が促されなければならない。」

以上3点であり，「政治教育は，特定の思想に基づく『正しい』見方や考え方を生徒に伝達するのではなく，社会に存在する様々な対立する考え方を理解させることを通じて，1人ひとりが自分で政治的立場を形成できるようになることを共通の目標とすること」を示しているとされています（「Voters」（明推協）No.26「ドイツの政治教育における中立性の考え方」12～13ページ）。この3点の原則に留意しながら授業実践を積み重ねていくことも考えられます。同時に，ドイツでは大討論があり，ボイテルスバッハ・コンセンサスが合意されるまで長い時間がかかったと聞いています。日本の「主権者教育」は始まったばかりです。当然，「中立」や「教員の意見表明」の議論も始まったばかりです。ドイツ同様，ある時期になれば「中立」や「教員の意見表明」に関する議

論が落ち着くか，または，例えば学会を中心に「指針（ガイドライン）」を作成していく時期が来ると考えています（その際は，私も最前線で議論に参加したいと思います）。

Q13 「主権者教育」は，いつ，どこで，誰が，誰に，どのように行うべきなのですか？

　2015年末に，「私たちが拓く日本の未来（以下，「副教材」）」と「私たちが拓く日本の未来　活用のための指導資料（以下，「指導資料」）」が全国の高等学校に配布され，「主権者教育（「政治的教養を育む教育」との名称もあるが，ここでは一般的な名称になりつつある「主権者教育」に統一した）」が実践されることになりました。「主権者教育」が実践されるようになると，学校現場から多くの質問を受けました。本稿では，それら質問のなかで，「主権者教育は，『いつ，誰が，誰に，どこで，どの時間を使って，どのような教材を使って』行うのか？」にお答えしたいと思います。

　まず大前提として教育基本法の第14条には

> 　良識ある公民として必要な**政治的教養**は，教育上尊重されなければならない。

と規定されており，教育の目標として（つまり，すべての学校，全職員が，すべての教育活動を通じて）「主権者教育」を行う必要があることを確認して下さい。ですから，「副教材及び本資料は，公民科を担当する教員だけでなく，全ての教員の指導で活用されることが期待されている。」と「指導資料」（11ページ）は述べています。つまり，学校をあげて全職員が「主権者教育」を担当することが大前提ですから，公民の授業でも，総合的な学習の時間でも，ホームルームなど特別活動の時間

でも行うことが出来ますし，行うべきなのです。これらを前提としてさらに「指導資料」は，「主権者教育」実施上

> ①公民科の科目「現代社会」，「政治・経済」の年間指導計画を作成する際，副教材の活用場面を想定しておくこと
> ②総合的な学習の時間や特別活動等で学校として副教材を活用する際，公民科の指導との関連を踏まえておくこと
> ③学校外部の関係機関，関係者と連携，協働して副教材を活用した出前授業等を実施する際に留意すべき点を明確にしておくこと

が必要であるとしています（同上）。

さて，このような前提を確認して，質問に答えたいと思います。

（1）「いつ」行うのか（週に1回程度行うのか，学期に1回程度でよいのか，年間1回でよいのか）？

　大前提として，主権者教育は学校をあげてすべての職員が担当するのですから，それぞれの役割の中で，つまり「教科科目の年間指導計画」や「総合的な学習の時間」「特別活動の年間指導計画」に位置付けておくことが必要になります。その意味で，学校全体の指導計画の中で「どのような時間を使って，年間何回の主権者教育を行うのか」を明示すると同時に，「3年間を見通した指導計画」を作成するす必要があります。

（2）「誰が」行うのか（公民科教員が行うのか，いわゆる社会科教員か，学年が担当するのか）？

　前提で示したとおり，全職員が行います。ただし，担任や総合的な学習の時間の担当者が実施するにしても，現実的には公民科教員などが1時間ごとの授業計画を立てるかもしれません。また，選挙管理委員会や明るい選挙推進協議会，投票行動を促す活動を行っているＮＰＯなど学校外部の関係機関，関係者と連携する必要が出てくることが考えられます。その意味で「主権者教育」は，「開かれた学校づくり」

Q13「主権者教育」は，いつ，どこで，誰が，誰に，どのように行うべきなのですか？

を担うことになるでしょう。

(3)「誰に」行うのか（全学年行わなければならないのか，3学年だけでよいのか）？

　本来は，3年間を通した「年間指導計画」のもと，「1年次の達成目標」～「3年次の達成目標」を定め，教材を整備し実践していくべきだと思います。ただし，誕生日を向かえて18歳となった，あるいはなる予定の第3学年に手厚く実施していくことになることはやむを得ないと思います。

(4)「どこで」行うのか（クラスのような単位なのか，学年集会や全校集会など大きな集団なのか）？

　「主権者教育」の教材は，「副教材」の中にいろいろなものが示されています。ですから，どの教材を用いるかで異なってきます。例えば，「討論」ならばクラス単位でしょうし，「模擬選挙」ならば学年，あるいは全校単位でも実施できるでしょう。「模擬議会」ならば，クラス単位でも全校単位でも実施可能だと思います。どのような単位で実施したら教育効果が高いかを各校で考えて下さい。

(5)「どの時間を使って」行うのか（どの教科科目の授業で行うのか，またはホームルームや総合的な学習の時間を利用するのか）？

　前提で説明したとおり，すべての時間です。ただし，「教科科目」「総合的な学習の時間」「特別活動」の年間指導計画相互に関連を持たせる必要があります。また，いわゆる「社会科」の授業以外での「主権者教育」はどのようなものが考えられるかを質問されることが多いのですが，例えば「マニフェストを読んで，その政党の『スローガン』を考えよう」や「選挙公示日の党首の第一声から，その政党の一番の政策を読み取ろう」という授業は国語で，各政党のポスター作成を美術で，比例代表の議席割り振りを数学の授業で行うことも出来ると思います。要は，授業を行う側と受ける側が，この時間は「主権者教育」の時間だと認識していることが大事なのです。各教科，いろいろな工夫を考えていただきたいと思います。

(6)「どのような教材を使って」行うのか（生徒にテキストなどを配付して読ませておけばよいのか，教材は誰が作成し，誰が授業をリードするのか作成するのか）？

　この点は，教科科目の時間で行うのか，総合的な学習の時間や特別活動などの時間で行うのかで異なります。また，「『読めば』すぐ理解できる教材」が完成したのならばいざ知らず，「このテキストを読んでおけ」では，授業にならないはずです。さらに「副教材」は，教材の提案集ですから各校の実情に合ったものに作り直していただくべきと考えます。同時に，「主権者教育」の教材は，副教材に示されたものだけではありません。これからは，学校現場が実践を積み上げて，新しい教材を開発し，教材を交換し，研究授業などで検証していただきたいと思います。

　以上が質問への回答です（これらの回答の根拠は，「指導資料」11～14ページを参照して下さい）。

　最後に，全体的な注意点としては，「主権者教育」は教科・科目の問題ではありませんので，学校全体の日程調整などをしながら管理職や教務がイニシアチブをとって実践していくべきだと思います。

Q14 どのように外部機関との連携をしたらよいのですか？

「主権者教育」を実践しようとすると，外部機関と連携することが多くなるはずです。それは学校が変わるよいチャンスでもあると考えています。

「指導資料」では，学校外部の関係機関，関係者と連携，共同することについて「副教材の実践編に掲載した模擬選挙や模擬請願，模擬議会などの事例に関する指導を実施する際には，学校外部の関係機関，関係者と連携，協働することが効果的である。例えば模擬選挙であれば，選挙の執行に関して専門的な知見を有している選挙管理委員会や選挙啓発団体と連携し，投票箱や投票記載台などの貸し出しや，選挙管理委員会の職員等をゲストティーチャーとして学校に招き，実際の選挙が円滑に執行されるための工夫についての講話などが考えられる。このように学校の教員だけでは説明しきれない現実の具体的な事象について専門家の立場から伝えてもらうことは，生徒の政治的教養を育成する上で大きな教育的効果があると考える」（「指導資料」13～14ページ）と記述してます。

では，いろいろな機関との連携を考えてみましょう。

①選挙管理委員会との連携

選挙管理委員会（以下，選管）は，選挙実務と同時に，選挙違反の防止や投票を促す啓発活動などを行っています。投票への啓発活動に関しては，これまではお祭りなどのイベントで，期日前投票の

---

9 選挙管理委員会の基礎知識

選挙管理委員会とは，執行機関から独立して選挙を管理するために団体内部に設置される機関のことです。国におかれる中央選挙管理委員会，都道府県におかれる都道府県選挙管理委員会，市区町村におかれる市区町村選挙管理委員会があります。委員の人数は，中央が5名，地方が4名です。職務は，担当の議会議員および長の

選挙に関する事務を管理し、すべての選挙について投開票を行い、選挙人名簿の作成・管理を担当しています。問題は、その実際上の職務を担当する事務局です。事務局は、都道府県及び市の選挙管理委員会に書記長、書記その他の職員が置かれ、町村の選挙管理委員会に書記その他の職員が置かれる（地方自治法第191条第１項）と定められていますが、実際は４～５名で構成されている事務局が大半となっているのが現状です。つまり選挙管理委員会は、慢性的に「人手不足」であることが大前提なのです。

また、選挙管理委員会は、「明るい選挙推進協議会（明推協）」とともに活動することが多いようです。明推協は、不正のないきれいな選挙と投票総参加をめざして活動している民間団体で、全国の都道府県・市区町村に設置されています。ある意味、マンパワーの足りない選挙管理委員会をバックアップしているといってよいでしょう。独自に、研修会、ポスターコンクールなど多彩な事業を主催しているほか、選挙管理委員会と共催し、より効果的な選挙啓発を図っています。また、選挙期間中は街頭に出て、きれいな選挙と投票参加を訴える活動を行っています。

明推協に関してですが、明推協の「常時啓発事業のあり方等研究会」は、2011年12月に「最終報告書『社会に参加し、自ら考え、自ら判断する主権者を目指して～新たなステージ「主権者教育」へ～』」を発表しました。その報告書の中で、

「改正教育基本法（平成18年）は、教育の目標の一つとして『公共の精神に基づき、主体的な社会の形成に参画し、その発展に寄与する態度を養うこと』を掲げた。また、政府は、『新しい公共』の推進に取り組んでいるところである。『新しい公共』とは、市民、企業、政府等がそれぞれの役割をもって当事者として参加、協働し、支え合いと活気のある社会をつくることである。そのためには、何よりもそれを担い得る市民を育てることが重要である。

これからの常時啓発は、まさにそうした市民を育てること、言葉を変えて言えばシティズンシップ教育の一翼を担うものでなければならない。

欧米においては、コミュニティ機能の低下、政治的無関心の増加、投票率の低下、若者の問題行動の増加等、我が国と同様の問題を背景に1990年代から、シティズンシップ教育が注目されるようになった。それは、社会の構成員としての市民が備えるべき市民性を育成するために行われる教育であり、集団への所属意識、権利の享受や責任・義務の履行、公的な事柄への関心や関与などを開発し、社会参加に必要な知識、技能、価値観を習得させる教育である。その中心をなすのは、市民と政治との関わりであり、本研究会は、それを『主権者教育』と呼ぶことにする。

常時啓発は、子どもから高齢者まであらゆる世代を通じて、社会に参加し、自ら考え、自ら判断する自立した主権者をつくることを目指して、新たなステージ『主権者教育』へ向かわなければならない。」と記述し、「主権者教育」の必要性を強調していることに注目したいと思います。

Q14 どのように外部機関との連携をしたらよいのですか？

紹介や投票参加を訴えたりしていましたが，2015年の選挙権引き下げに伴い，若者の投票行動を促す活動を積極的に行おうとしているところです。具体的には，選管と教育委員会が連携の協定を結んだり，選管が現場の先生方に主権者教育のセミナーを開いたり，選管が学校への出前授業を計画し高校などへの宣伝を行ったりしている都道府県がほとんどです。詳しくは，それぞれの都道府県選挙管理委員会のＨＰを参照して下さい。地域によっては，都道府県選管が市町村選管と連携を取り，学校に出前授業に行くのは市町村の選管である場合もあります。

高等学校などにとって選挙管理委員会との連携は，開かれた学校づくりの一環としてだけではなく，選挙に関する正確な，そして「中立」に配慮した説明をしていただけたり，模擬選挙実施の際に，受付係，投票用紙交付係，投票立会人，開票係の生徒への指導など「主権者教育」推進に伴う負担を軽減してもらえたりする機会と考えられると思います。

現在，選管や明推協は，18歳選挙権を投票率向上の好機ととらえ，高校などと連携して啓発活動を積極的に行おうとしています。次ページの資料18は，ある政令指定都市の選挙管理委員会のＨＰです。読んでいただければわかるように，本物の投票箱や記載台を貸してくれたり，選挙そのものの説明や生徒が行う投票事務の説明なども行ってくれるばかりか，該当の政令市では「架空の市長選挙」の立候補者も連れてきてくれるのです。さらに，「中立」の説明を行ってもらえるなど，まさに「至れり尽くせり」の内容となっています。

ただし，学校にとっては慣れない外部機関との連携であり，日程調整などが難しいかもしれないと思いますが，回数を重ねるうちに慣れてくると思います。また当初は，窓口がどこになるか分からないなどの戸惑いがあるでしょうが，前述した選管が開催する教員対象の主権者教育のセミナーに参加し名刺交換を行うなど，積極的な

人脈の開発を心がけるべきでしょう。いずれにせよ，現実の選挙を利用した際の模擬選挙などでは，公職選挙法に十分配慮した主権者教育を行う必要があり，選管や明推協との連携は，今後不可欠になってくるはずです。

②NPOなどとの連携

現在，「政治と若者をつなげよう」「若者の投票率を上げよう」などの目的を掲げて，若者を中心に多くのNPOや学生団体，市民団体が立ち上がっています。その中で，模擬選挙を含めた主権者教育に取り組んでいる団体を紹介します。

資料18　市の選挙管理委員会から学校あての文書

【学校宛て】主権者教育でお困りの先生。ご相談ください!!
　〇〇市選挙管理委員会では，選挙権年齢引き下げに伴う主権者教育の支援のため，様々なメニューを用意しています。
　授業などで活用したい場合は，気軽にご相談ください。
　主なもの
（1）出前授業
　①模擬選挙（要2時限程度）
　　実際の物品（投票箱や記載台）を使用した架空の市長選挙など
　②講義（要1時間程度）
　　選挙制度の基本や選挙違反の事例などについて解説します。
（2）選挙物品の貸し出し
　投票箱，記載台，投票用紙計数機などの貸し出しを行っています。
（3）選挙に関する授業の為の資料提供
　①投票率など各種選挙データや選挙公報の提供
　②模擬選挙用投票用紙の提供
（4）その他注意事項
　なお，時期などにより，対応が難しい場合もあります。早めにご相談下さい。

○「模擬選挙推進ネットワーク」(46ページで紹介)：模擬選挙のお手伝いをしてもらえます。学校の先生もメンバーに入っています。

ホームページは，http://www.mogisenkyo.com/

○ＮＰＯ法人Youth　Create（ユースクリエイト）：参加型・体験型プロジェクトの学校への出前授業を行ってもらえます。

ホームページは，http://youth-create.jp/

○学生団体 ivote（アイボート）：「育票」を目的とした模擬選挙のお手伝いをしてもらえます。架空の模擬選挙の立候補者もお願いできます。東京，名古屋，大阪，福岡に支部があります。

東京支部のホームページは，http://i-vote.jp/tokyo/

○ＮＰＯ法人僕らの一歩が日本を変える：略称「ぼくいち」の方が有名かもしれません。「育票授業」や「模擬選挙」を行ってもらえます。

ホームページは，http://boku1.org/

☆この他に，地域の大学に「若者の投票率を上げようとしている学生団体」が数多く存在していると思います。また，教育学部の社会科教育の先生方にお願いすると，研究室の学生との連絡を図ってくれることもあり，架空の模擬選挙の立候補者になってもらえるなど，お手伝いをしてもらえたりします。さらに，市民団体などで「学校との連携」を模索している団体が数多く存在しています。注意深く探すと，かなりの数の団体が学校との連携を求めています。

③外部との連携に関する注意事項

せっかく外部の団体とジョイントするのですから，その授業が有意義になるように，事前に年間指導計画を作成した上で，外部団体の方達と十分打合せを行うことが必要です。なお，授業の進捗や選挙が急に行われる場合など選挙の状況を考慮しながら年度途中に計画を行うことも考えられます。

事前の打合せでは，あくまで学校の教育活動として当該学習活動を実施するのですから，学習活動の目標，大まかな指導の流れ，振

り返りのさせ方などをお願いした上で,外部団体の方達にどのタイミングでどのような関わりをしてもらいたいのか,明確に伝えることが大切です。

　専門的な知識などを持った方達と連携,協働して実施する実践的な学習活動の機会です。1回限りのイベントとして終わらせるのではなく継続的に実施したり,または,その後の学習指導にどのようにつながっていくのか,実際に指導する教員と外部団体の関係者がコミュニケーションをとり,共通認識を持った上で実施することが望ましいでしょう。

　また,外部団体との連携には「謝金」「交通費」などの必要経費がかかることもあります。すべての団体がボランティアではないからです。そのため,前年度から連携授業の計画を立て,予算的裏付けを取っておくことを忘れないようにして下さい。私たち教員は,ついお金のことを忘れがちです。

Q15 どこかで「主権者教育」教材作成や実践の勉強は出来ませんか？

　「主権者教育」は「模擬選挙」を行うことだけではないし，投票率を上げることだけが目的ではありません。今後，学校にあった「主権者教育」の教材開発を行うべきで，さらに，開発した教材を学校間で交換し，相互に授業を公開して検証していくことが強く望まれていることは先ほど指摘しました。このような研究活動を進めるため，各地で多くの研究会が開かれています。例えば，

- 社会科教育学会授業実践研究部会第9回例会（2015年8月22日），第10回例会（2015年12月23日）
- 〈政治教育〉体験セミナー（2016年2月28日）
- 全国公民科・社会科教育研究会「授業研究委員会」研究集会（2016年3月20日）

　また，各都道府県選挙管理委員会によるセミナー（長野県選挙管理委員会（2015年7月28日）など）や各都道府県教育委員会による現場教員に対するセミナー（沖縄県教育委員会（2016年2月17日～18日）など）も実施されています。

　社会科や公民科に関連した学会のテーマも「主権者教育」を取り上げるようになっています。例えば，「法と教育学会第7回学術大会（2016年9月4日）」のテーマは「主権者教育と法教育」ですし，「第27回 日本公民教育学会（2016年6月19日）」のテーマは，「18 歳選挙権時代の公民教育の課題を考える」となっています。さらに，日本弁護士連合会の最大の研究行事である「第59回 人権擁護大会（2016年10月6日，7日）」の分科会テーマの一つに「法教育と主権者教育」があげられているとのことです。このような研究活動は，今後も広がっていくと考えられますので，アンテナを高くはって，各自参加して勉強したいただきたいと思います。

4．高校生の政治活動

Q16 有権者となった高校生の政治活動や選挙運動の範囲は広がるのですか？

　高校生の政治活動に関しては、「70年安保闘争」真っ只なかに、「高等学校における政治的教養と政治的活動について」（昭和44年10月31日付け文初高第483号）が通達されました。ご存じの方も多いと思いますが、一応復習すると

　「教育基本法第8条第1項に規定する『良識ある公民たるに必要な政治的教養は、教育上これを尊重しなければならない。』ということは、国家・社会の有為な形成者として必要な資質の育成を目的とする学校教育においても、当然要請されていることであり、日本国憲法のもとにおける議会制民主主義を尊重し、推進しようとする国民を育成するにあたつて欠くことのできないものである」が、「政治的教養の教育は、**生徒が、一般に成人とは異なつて、選挙権などの参政権を制限**されて」いるため、「高等学校における政治的教養の教育を行なうにあたつては、次のような基本的な事がらについてじゆうぶん配慮する必要がある」とし、具体的に、「生徒の政治的活動を規制することについて」として、

　「(2)　生徒が**学校内に政治的な団体や組織を結成することや、放課後、休日等においても学校の構内で政治的な文書の掲示や配布、集会の開催などの政治的活動を行なうことは、教育上望ましくな**いばかりでなく、特に、教育の場が政治的に中立であることが要請されていること、他の生徒に与える影響および学校施設の管理の面等から、教育に支障があるので学校がこれを制限、禁止するのは当然であること」

があげられています（文科省HP。ゴチックは筆者が付しました。以下同じ）。

さて、この通知を読まれて、どのような感想を持たれたでしょうか？「当たり前のことを書いている」「いや、結構厳しいなあ…」といろいろな感想を持たれたと思います。

平成27年6月に「18歳選挙権」が実現し、昭和44年通知の根拠となる「**成人とは異なつて、選挙権などの参政権を制限**」されているとの前提が変わったため、この通知を廃止し、新たな通知が出されました（平成27年10月29日27文科初第933号）。その通知では（以下（ ）内は筆者が補っています）、

「習得した知識を活用し、主体的な選択・判断を行い、他者と協働しながら様々な課題を解決していくという国家・社会の形成者としての資質や能力を育むことが、より一層（期待されている）。

（公選法などの改正は、）若い人々の意見を、現在と未来の我が国の在り方を決める政治に反映させていくことが望ましいという意図に基づくものであり、今後は、高等学校等の生徒が、国家・社会の形成に主体的に参画していくことがより一層期待」されているとしながらも、他方、「学校や教員の政治的中立性に留意することや、政治的教養の教育において具体的な政治的事象を扱うことと、生徒が具体的な政治的活動などを行うことは区別することが必要」であるとしています。その延長線上として、高校生の政治活動などに関しては、
「高等学校が教育を目的とする施設であることなどを踏まえると、高校生の政治的活動などは必要かつ合理的な範囲内で制約を受ける。

> - **学校の教育活動として、生徒が政治的活動などを行うこと**は、教育基本法（現行法）第14条第2項に基づき、禁止することが必要（である）。
> - 放課後や休日などであっても、**学校の構内**においては、学校施設の物的管理の上での支障などが生じないよう、**制限又は禁止**することが必要（である）。
> - 放課後や休日などに、**学校の構外で行われる政治的活動などについて**は、違法なものなどは制限又は禁止されるほか、学業や生活に支

障があると認められる場合などは，これによる当該生徒や他の生徒の学業などへの支障の状況に応じ，必要かつ合理的な範囲内で制限又は禁止することを含め，**適切に指導を行うこと**が求められる。」（文科省ＨＰ）と記述しています。

この「平成27年10月29日」の通知に関しては，「高校生の政治活動の範囲が広がった」と歓迎する見解がある反面，「昭和44年通知とほとんど変わらない」とする見解があります。いかがでしょうか？　この点に関しては，ぜひ全文を読んでいただきたいと思います。

よく読むと今回の通知では，「暴力的なもの，違法若しくは暴力的な政治的活動など」「学業や生活などに支障がある」「他の生徒の学業や生活などに支障がある」「生徒間における政治的対立が生じる」活動のときは「**制限又は禁止**」するとしていることに気がつかれると思います。つまりこの通知では，「違法なもの」は「**ダメ**」，他の生徒に迷惑になることは「**ダメ**」であることを確認しているに過ぎないのです。ということは，違法なことや他の者に迷惑をかけることをしなければ，その前の文章にある「満18歳以上の生徒が選挙運動をできるようになったことに伴い，高等学校などは，これを**尊重すること**」という記述が生きてくると読めるのです。通知には「法律に反しない範囲で」などの表記が多いため，一見，本当に「おどろおどろしい」通知になっていますが，ぜひ「法律に反しない範囲で」とか，「暴力的な行為にならないように」などの言葉を消して読んでいただくと趣旨が理解できると思います。

このような作業を行って「すっきりとなった文章」を読むと，新通知は「授業中は，✕または△」「休み時間や放課後は，△」「学校外は，

資料19 高校生の政治活動一覧表

	活動してよいか
授業中	✕または△
休み時間・昼休み	△
学校外・休日	○

Q16 有権者となった高校生の政治活動や選挙運動の範囲は広がるのですか？

〇」であると要約することが出来ます。

具体的には，「政治・経済の授業で，各党のマニフェストを比較して政治的リテラシーを学ぶ」のは当然「〇」ですが（授業における「中立性」に注意する意味で上で「△」にしました），その授業中に「ある生徒が突然立ち上がり，『私は〇〇党の支持者なので，ちょっと党の政策を宣伝させてくれ』と演説を始める」のは「✕」でしょう。また，お昼ご飯を食べながら，生徒が「俺は次の選挙で△△党に入れようと思うんだが，お前どう思う」との発言は（「強引な勧誘でなければ」との留保がつくため「〇」にしたいのですが）「△」でしょう。さらに，校外に出たら「有権者」ですから，政治活動や選挙運動は「〇」なのは当たり前です。ただし，くれぐれも「△」を「✕」と受け取らないでいただきたいと思います。

ここまでの議論で，高校生達には，上記「〇」「△」「✕」を理解させることが必要だということがお分かりいただけたと思います。

第1編　主権者教育への疑問に答える！

> **Q17** 高校生の政治活動や選挙運動の注意点はどのようなものがありますか？

　まず再確認ですが，「有権者として君たちが『選挙運動』や『政治活動』が出来るようになった」ことが大事で，その権利を行使するときに「このような注意事項がある」という順番で話をしていただくことが非常に重要なことだと考えています。

　さて，高校生の選挙運動と政治活動については，「副教材」の94～100ページ，「指導資料」には，特に選挙期間中の授業実施上の注意に関して48～52ページ，また指導上の配慮事項に関しては89～90ページに説明があります。それらの中で，生徒達に理解してもらいたい要点を説明していきたいと思います。

　私としては，ゴチック部分は生徒に知っておいて欲しい内容だと考えていますので，「副教材」「指導資料」等をよく読んでいただいた上で，学校によって生徒への説明を考えていただきたいと思います。

①選挙運動と政治活動

　　まず生徒には，「選挙運動」と「政治活動」の違いを理解してもらって下さい。

> A．選挙運動：「特定の選挙について，特定の候補者の当選を目的として，投票を得又は得させるために直接又は間接に必要かつ有利な行為」と定義されています。

　　注意点

　　　a．選挙運動は，選挙運動期間，具体的には「選挙の公示日」などから「投票日の前日まで」にしか行うことができません。

　　　　→「選挙の公示日」～「投票日の前日まで」以外の期間は（例えば，内閣総理大臣が「解散する」と発言しても，ま

Q17 高校生の政治活動や選挙運動の注意点はどのようなものがありますか？

だ選挙期間は始まっていないので）他の大人と同様に，**18歳の高校生でも選挙運動をしてはいけません。**
b．満18歳未満の人は選挙運動を行うことはできません。また，立候補者などは，満18歳未満の人を使って選挙運動をしてはいけません。
　→**17歳以下の高校生は選挙運動は出来ませんし，選挙運動を手伝ってはいけません。当然，政党のチラシなどを配るアルバイトなども出来ません。**
c．公職選挙法では，その他選挙運動について様々な制限があり，注意が必要です。

> B．政治活動：一般的には，「政治上の主義もしくは施策を推進し，支持し，もしくはこれに反対し，又は公職の候補者を推薦し，支持し，もしくはこれに反対することを目的として行う直接間接の一切の行為をさす」と定義されています。

注意点

a．一般的な「政治活動」は，日本国憲法上，全国民に保障されていますから，当たり前ですが**年齢に関係なく行うことが出来ます。**
b．ただし，上記「A．b．」で説明したように，**選挙期間中は18歳未満の選挙運動は出来ません。**

②選挙運動上の注意

18歳以上の高校生は選挙運動が出来るといっても，公職選挙法上，いろいろ注意が必要です。以下，幾つか重要なポイントをあげておきます。

> A．インターネットなどの利用：選挙運動期間内は，18歳以上の人であれば，ホームページ，ツイッター，フェイスブック，

> LINEなどのウェブサイト等を利用する方法による選挙運動を行うことができます。

注意点

a．ウェブサイト等を利用する方法による選挙運動を行う場合，**電子メールアドレスなどを表示**しなくてはなりません。

b．選挙運動の投稿をツイッターでリツイートしたり，フェイスブックでシェアすること，フェイスブックで「いいね！」をすることはできます。

c．**電子メールを利用する選挙運動は，候補者や政党等のみに**限られているので，すべての人はできません。

d．候補者や政党等から来た選挙運動のための**電子メールを他の人に転送してはいけません**。

このインターネットなどを利用する選挙運動については，ネット世代の高校生は十分注意させる必要があるでしょう。私が付け

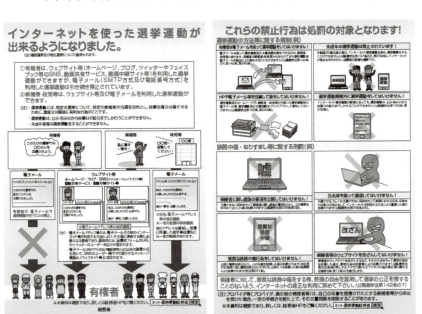

(http://www.soumu.go.jp/main_content/000225177.pdf)

たゴチック部分をさらに分かりやすくした総務省のチラシがありますので載せておきます。詳しくはホームページを参照して下さい。

> B．その他，禁止されているおもな選挙運動（「常識の範囲」だと思いますので，よくあるものだけ列挙します。）

　　a．買収：友達に「今度，食事をおごるから」とか「宿題を代わりにやってあげるから」と言われて，「その代わり，次の選挙では○○さん（○○党）に投票してね」と言われて「うん」と言ってしまうことは「**ダメ**」です。
　　b．署名運動：特定の候補者に投票をするように，あるいは投票しないようにすることを目的として，広場や店先で署名を集めてはいけません。
　　c．飲食物の提供：選挙運動に関して飲食物を提供されてはいけません。ただし，お茶や通常用いられる程度のお茶菓子や果物は大丈夫です。また，選挙運動員に渡す一定の数の弁当を受け取ることはできるとされています。

C．その他，注意したい点

　高校生に選挙権があることで，政党的な対立が強い地域では，その政治的対立に高校生が巻き込まれたり，保護者から「○○へ投票してくれ」と言われたりする可能性があります。32ページにあげたように，特に地方自治体議員選挙では，当落の差が「数票」だったり，「同数」だったりするからです。このような政争に，はじめて有権者として選挙権を行使しようとする高校生を巻き込みたくありません。その意味で，大人には「これからの主権者」を育てる意識を持って高校生に接するべきだと周知する必要性があると思います。

具体的には，上にあげた選挙運動の注意点を含め，家庭内で「投票の強要や依頼」などをせず，高校生本人が自分で考え投票先を決めるよう家庭向け文書を配付することが必要だと思います。ただし，決して「家庭内で政治的な話題をしてはいけない」という趣旨にならないよう注意していただきたいと思います。

③政治活動上の注意

　　一般的な意味の「政治活動」は，全国民に保障されているので，年齢に関係なく行うことが出来ます。それでも「政治活動」としてでも，「これは**ダメ**でしょう」という例が「副教材」に示されています（「副教材」99～100ページ）。「政治活動」への過度な制限は人権侵害の恐れがあることなので，これらの事例を参考に，学年集会や全校集会などで「やんわり」と注意を促すべきでしょう。ただし，このような**事例に出会った場合は，担任等にきちんと相談すること**は念を押して伝えて下さい。その場合は，当該生徒を**指導**する必要があると思います。ただしその指導は，状況の聞き取りから始まって，生徒の政治活動を過度に制限しないような配慮が必要ですし，「頭ごなし」の指導ではなく，本人に「なぜ，このような活動をしてはいけないか」との理由を納得させる必要があるでしょう。次は「副教材（99ページ）」に示されている代表的な例です。

Q．〇〇党のために活動をしているという人から，同級生（同じ部活動に属する部員）の連絡先一覧を渡すように言われました。渡してしまってよいものでしょうか。

　(回答) そもそも名簿は，緊急連絡等のために作成・配布されているものであり，政治活動や選挙運動のために他人に譲り渡すことを目的としているのではありません。また名簿を譲り渡すことで，他の生徒に損害等が生じるおそれもあります。このため，名簿に記載されている他の生徒に無断で，名簿を譲り渡すことは認められていません。

Q．同級生から〇〇党の演説会に出るよう強く誘われて困っていま

Q17 高校生の政治活動や選挙運動の注意点はどのようなものがありますか？

> **COLUMN** 家庭での政治的な会話

宮崎県選挙管理員会のアンケート資料20～21から，家庭内の「政治的会話」の実態が読み取れてきます。そこから，投票率の低下傾向の背景も見えてきます。

資料20

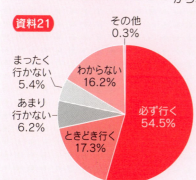

資料21

資料20は，「ご家族と，政治や社会問題について話すことがありますか？」という問いへの回答です。「よくある」「ときどきある」と「ほとんどない」「まったくない」が拮抗しています。政治について，家庭内で気軽に話が出来ないと，学校で出来るはずはないと思います。どんなことでもよいので，テレビのニュースを見ながら，いろいろ話をしていただくと，日本が変わっていくと思います。

資料21は，「あなたのご家族は，選挙の投票に行きますか？」という問いへの回答です。「わからない」との答えは論外ですが，「ときどき行く」「あまり行かない」「まったく行かない」の合計は28.9％に達します。しかし，そのような家族と，「主権者教育」を受けた高校生が政治の話をしたり，高校生が保護者に「一緒に投票に行こうよ」と誘ったりすることで，大人の政治意識や投票行動に変化が期待できると考えています。高校生だけでなく，大人の投票率が上昇すれば，日本の民主主義にとって，まさに「一石二鳥」ということが出来るでしょう。

す。こういうことは認められるのですか。

（回答）演説会への参加などは，本人の自由な意思に基づいて行われるべきものであり，強く誘われ困っている場合は，まずは，誘ってくる人に対し，そのような集会に参加する意思がないことを伝えはっきり参加を断ることが重要です。それでも勧誘がやまない場合は，先生など大人に相談して下さい。

Q18 高校生の政治活動などについては、制限しようとする動きがありませんか？

　1960年代の学園紛争真っ盛りのなか出された「高等学校における政治的教養と政治的活動について」（前出，文初高第483号）は廃止され，高等学校における政治的教養の教育を充実させるとともに，政治的活動等に対する適切な生徒指導を実施するため，関係する留意点等を示した「高等学校等における政治的教養の教育と高等学校等の生徒による政治的活動等について」（前出，27文科初第933号）が出されたことは説明しました。ですから，この新しい通知に沿って「主権者教育の内容」や「生徒の政治活動」などは考えていくべきです。

　ところが，51ページのコラムで示したように，2015年6月の山口県柳井高校の授業に関しての県議会と教育長の対応，自民党内の「政治的中立」を担保するための罰則案の検討などの「政治の風」が吹き，高校生の「全面的な政治活動の容認」が揺らいでいることは，いろいろなところで見られるようになりました。

　私がそのスタートの一つと考えているのは，「『高等学校における政治的教養と政治的活動について』（昭和44年文部省初等中等教育局長通知）の見直しに係る関係団体ヒアリング（第1回）」（2015年年10月5日）です。長くなりますが引用します。詳細は，文科省のホームページに公開されています。

　(http://www.mext.go.jp/b_menu/shingi/chousa/shotou/118/gijiroku/1363246.htm)

　議事録のなか程過ぎに，次のようなやりとりが載っています。

【林氏】今の話の中で模擬請願という話があったんですが，そこでもう少しお聞きしたいのが，そこが，むしろ模擬請願ではなくて，それを実際に請願をしていくということまでができるのか

Q18 高校生の政治活動などについては，制限しようとする動きがありませんか？

どうか。
　例えば学費の値下げの問題だったり，エアコンの設置の問題だったり，あるいは今回も神奈川県の県立高校で30か40校ぐらい統廃合の問題とかありますけれども，生徒自身が学校生活に関わることに関してです。学校生活の改善向上を生徒会役員がということが副教材の7ページにも書かれていますけれども，実際にそういう活動を行うことは，この通知の3ページの政治的活動に触れることなのか。それは学校ではやらないことになっていますけれども，そういったことができるのか，できないのか，やってはいけないのか。その辺はどうなんでしょうか。

【合田教育課程課長】通知の中にもございましたけれども，学校教育のカリキュラムの中で政治的教養を育むための教育と，それから具体的な政治活動とは，やはり別だと思っております。今回，副教材でもお示しをさせていただきましたように，これはあくまでも模擬選挙であり，模擬議会であり，模擬請願であるということでございまして，議会の事務局の方々が非常に熱心にそれを聞いていただいたり，議長や副議長とつないでいただいてディスカッションしたりというのは子供たち，高校生にとって大変貴重な機会だと思っておりますけれども，そのことと実際に学校の外で，子供たちが自分なりに調べて実際の請願を行うということは別の問題だろうと思っています。

【林氏】ただ，その学校生活に関わることを自分たちのものとして出すわけですよね。それは学校外のこととはいえ，でも生徒会活動とか生徒会として，学校生活の改善を求めるということは非常に意味があることだと私は思っているんですね。それが，ただ，この政治的活動だからやってはいけないとなってしまうと，それを萎縮させることにつながるのではないかなと思うんですけれども。

87

【合田教育課程課長】その点については先ほど申し上げましたように，テーマは何であれ，学校で行いますのは政治的な教養を高めるための教育でございまして，それはあくまでも模擬かと存じます。もちろん高校生たちが有志の中で，自分たちで議論して，こういうことを正式に自分たちの声として届けようじゃないかということは当然あり得ると思いますけれども，それは学校がカリキュラムとして校長中心に学校教育活動として行うものとは分けて考えるべきだと考えてございます。

【林氏】ただ，生徒会活動は学校教育活動の中なんですよね。ここの書き方ですと，そう読めるのですが。

【合田教育課程課長】生徒会活動は学校教育の中でございます。

【林氏】ですから，**生徒会がエアコン設置だったりとかを求めるという活動をすることは政治的活動になるのでしょうか。**

【合田教育課程課長】具体的な対応にもよりますけれども，**まず生徒会として，もし意見を言うのであれば，それはまず学校におっしゃるべきだと思います。その上で，これを是非議会に請願したいというのであれば，それは生徒会ではなくて，子供たちの有志として行うべき**ではないかなと考えております。

【林氏】つまりそれは，生徒を代表とした生徒会として行ってはいけないということなんですか。

【合田教育課程課長】**生徒会活動としては。**

【林氏】行ってはいけない，ということですね。

【合田教育課程課長】ないというふうに理解してございます。

　引用が長くなりましたが，例えば，ここでは県立高校の生徒会が，「エアコンを設置して欲しい」と設置者である県（ここでは県議会）に，請願をしてはいけない，との議論になっているわけです。

　そもそも「生徒会」とは，「中学校・高等学校において，生徒の自治的態度を養うために設けられる特別活動の組織。全校生徒の自主的な運

Q18 高校生の政治活動などについては，制限しようとする動きがありませんか？

営により，**学校生活の改善**やクラブ活動・学級活動などの連絡調整を行う。」(『大辞林』) ものであり，身近な問題や課題 (ここでは，勉強に集中したいのでエアコンを設置して欲しい) を解決しようとするのは当たり前の行動と考えられます。

　なぜ文科省内でこのような議論になったのでしょうか？　一部には「当該県議会のある会派が『県立高校へのエアコン設置』をマニフェストに掲げていた場合，その党を利することになる」との危惧があったとされています。それにしても過敏な反応や「深読み」が見られるようになってきたことは確かでしょう。

放課後,校外の政治活動を「届け出制」にしてもよいのでしょうか?

　文科省は「新しい通知」で,高校生が校外で行う政治活動などを容認する一方,校内では禁止する通知を都道府県教育委員会などに出していましたが,現場から「内容が分かりにくい」などと質問が多く寄せられていました。そのため,2016年1月,文科省は教委の担当者にQ＆A集を配付し,活用方法は各教育委員会に委ねるとしました。その内容（Q＆Aは計20問）は,新聞報道によると概略以下の通りです。
　詳細は,文科省のホームページで公開されています。
（http://www.mext.go.jp/a_menu/shotou/seitoshidou/1366767.htm）

①「生徒からデモ参加の打ち合わせで,休日に空き教室を使いたいと申し入れがあった場合,許可するのは適切か」との問いには「打ち合わせは通常は政治活動などに該当」し,使用の可否は「管理規則に沿って判断」すべきとした。また,放課後や休日も含めて校内での政治活動を全面的に禁止する校則をつくることは「不当ではない」とした。学校は教育活動のための施設であり,政治や私的活動を目的とした場所ではないというのが理由だという。

②休日や放課後に校外で行う政治活動や選挙運動は「10月29日の通知」で容認されたが,放課後や休日の校外での政治活動について「届け出制とすることはできるか」との質問には,「必要かつ合理的な範囲内の制約となるよう適切に判断すること」と容認した上で,「個人的な政治的信条の是非を問うようなものにならないようにすること」と留意点を挙げた。この点について,担当者は取材に「生徒の安全に配慮したり,政治活動に没頭して学業に支障

Q19 放課後, 校外の政治活動を「届け出制」にしてもよいのでしょうか？

が出ないようにしたりするなど, 生徒指導上把握が必要なケースがあるため」と説明した。
③「公職選挙法に違反していると考えられる生徒を停学や退学などの懲戒処分の対象としてもいいか」との質問には,「生徒や保護者に基準をあらかじめ周知していれば可能」と回答した。
④「投票日当日に学校行事がある場合, 投票を理由に公欠を認められるか」については「期日前投票, 不在者投票といった制度を活用して期間内に投票することが適切」とし, 基本的に認められないとの考えを示した。

　この「Ｑ＆Ａ」は,「暴力的な活動の禁止」「法律に違反する活動の禁止」「学業の支障になる活動の禁止」という点では,「10月29日の通知」と同趣旨と読むことが出来ますが,「部活動の人間関係に, 政治的対立が持ち込まれないように」のような「生徒指導」の範囲の問題や, 生徒の「学校外の活動の把握」などにも触れている点に違いがあります。また, 公職選挙法違反に対して懲戒処分の可能性を示しており, 生徒や保護者に萎縮効果を与えかねない回答も見られます（ただし, 学校外の犯罪行為（例えば万引き）も「懲戒処分の対象になっているではないか」という反論もあります。しかし, 公選法違反に対しては, 事実上「懲戒処分」には出来ず,「指導」の範囲から出ないだろうし,「指導」は説諭など, いろいろな指導が考えられるので柔軟に対応できるという意見もあります）。また, ほとんどの回答で各教育委員会の判断に任せるという「丸投げ」に近い回答が見られ, 判断に迷うものもあります。
　このような文部科学省の見解を受けて, 報道によれば愛媛県では県教育委員会の例示に従い, 全県立高校が学外での政治活動の届出を義務付ける校則を, 2016年度から制定・運用することになったとのことです。一部には, このような動きが今後全国に波及していくことが懸念されているようですが, 2016年５月現在, 他の都道府県・政令指定都市には同調する動きはありません。文科省によると, 都道府県立高校が一斉に

届け出制を導入する例は，これまで把握していないということです。
　この「届け出制」の校則制定については，学者も含めてかなりの議論になっています。この問題については，「18歳選挙権」や「主権者教育」の趣旨から考えていくと，やはり否定的に考えていくべきでしょう。

第2編

高校生の疑問に答える！

第2編　高校生の疑問に答える

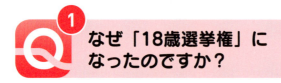

Q1 なぜ「18歳選挙権」になったのですか？

20才以上　　　　　　　　18才以上

（1）はじめに

　2016年7月の参議院議員通常選挙から「18歳選挙権」が実現する予定です。しかし、選挙権を行使できることになった高校生の間には、戸惑いや疑問が広がっているようです。この第2編では、その「戸惑いや疑問」にお答えしたいと思います。

　このQ1は、「なぜ18歳選挙権になったの？」です。

　2015年5月に、高校生へ「そろそろ18歳選挙権になりそうだね」というと、「なぜ『18歳』になるの？　別に選挙権なんていらないし、大人に行けと言われるのは嫌だし」と言われました。そうなのです。若者にとって選挙権は、自分が欲しいといったものではなく、「空から降ってきた」ものなのです。そこから始めましょう。

（2）選挙権獲得の歴史

　そもそも選挙権獲得の歴史は、「政治の場（議会）で、自分たちが意見を述べたい」という強い気持ちから始まっています。世界史で習ったと思いますが、例えば、18歳から兵士として戦場に行くのならば、「我

Q1 なぜ「18歳選挙権」になったのですか？

が国が、この戦争に参加するかしないかは自分たちで決めたい」と思うのは当たり前ですよね。あるいは第一次世界大戦で、男性が大量に戦地に送られ、たくさんの女性が社会に出て働くようになると「私たちにも政治に対して、ひとこと言わせて欲しい」という運動となり、第一次世界大戦後、女性参政権が各国で実現していったのです。さて、このような歴史的背景から考えてみると、**選挙権って何でしょうか？**

いろいろな答えが考えられると思いますが、先ほどあげたように「自分にも政治に意見を言わせて欲しい」ということなのでしょうね。

欧米をはじめとした多くの国は、このような歴史を背景として参政権が拡大したり、選挙権が引き下げられて18歳選挙権となってきたのです。そのような歴史に対し、日本の「18歳選挙権」に関しては、若者が「欲しい」と言っていないのに、どうして引き下げられたのか？　という気持ちが高校生の間にはあるようです。事実、第二次世界大戦後の日本の選挙権の拡大は、国民の意思とはあまり関係なく決まってきました。1945年、敗戦とともに占領下におかれた日本に対し、GHQが「20歳以上の男女普通選挙」を指示します。普通選挙とは、一定年齢に達したすべての成年者に選挙権を与えることです。国民が「20歳の男女普通選挙にしてくれ！」と運動したのではありません。そして今回の「18歳選挙権」も、若者たちが「選挙権が欲しい」と運動したのではありませんよね。その意味で、ヨーロッパなどの国々に比べ日本は「選挙権を勝ち取った」という意識が薄く、そのため国民の間に政治や選挙への関心が高まらない、と説明されることもあります。

(3) 18歳選挙権になった理由

2015年６月に公職選挙法が70年ぶりに改正されて、選挙権年齢が18歳に引き下げられました。この引き下げ案は、衆参両院とも全会一致（反対票がゼロ）というあまり例がないものでした。

さて、国会の中に反対派がいないほど「18歳選挙権」が支持された理由は３点あります。

資料1　主要国の選挙権年齢等一覧

	選挙権	被選挙権（下院）	法律上の成人	刑事手続で「非少年」
日本	2016年夏から 18歳	（衆議院）25歳	20歳	20歳
アメリカ	18	25	18	18
イギリス	18	18	18	18
ドイツ	18	18	18	原則18
フランス	18	18	18	18

（「主要国の各種法定年齢」国立国会図書館および立法考査局）

まず**第1**は、世界の趨勢に合わせたことです。

統計がある199の国・地域のなかで、**選挙権が18歳以下の国は何か国あると思いますか？**

答えはなんと「176か国」です（2015年12月末現在、国立国会図書館調べ）。さらに、**それらの国のうち選挙権年齢の最低年齢は何歳だと思いますか？**

答えは「16歳」で6か国あります。「16歳選挙権」の国の中には、2016年夏のオリンピックの開催国であるブラジルや音楽の都ウィーンを首都とするオーストリアが含まれています。

どうですか？　世界の大きな流れは18歳選挙権になっており、ある意味日本は乗り遅れていたのが分かりましたか？　ですから日本も、遅ればせながらその趨勢に合わせたわけです。

第2の理由は、憲法改正にかかわる国民投票法との関係です。授業で習ったと思いますが、日本国憲法を改正するためには、衆参両議院の総議員の3分の2以上の賛成で、国会がこれを発議し、国民の過半数以上の承認が必要ですね。この国民の承認は、特別に実施する「国民投票」などで行います。この国民投票の投票権が「18歳以上」なのです。つまり、日本の最高法規である憲法を改正するかどうかが18歳で決めることが出来るのに、議員を決める権利を持つのが20歳というのは整合性を欠く、と考えられたからです。

第3の理由は、少子高齢化の進展で若者の「一票の価値」が下がっていることです。例えば、有権者20万人のA選挙区から1名当選者が出るのに対し、有権者40万人のB選挙区から1人しか当選者が出ないのはおかしいですよね。B選挙区に比べてA選挙区の有権者が持つ「1

Q1 なぜ「18歳選挙権」になったのですか？

票」の方が，立候補者を「当選させる力」が2倍あります。このような現象を「一票の格差（この場合は「2倍の格差」）」があるというのです。さて，**なぜ少子高齢化でこのような格差が生まれるのでしょうか？**

　答えは年齢別人口の差で生まれているのです。2016年3月の日本の年齢別人口の概算値では，20歳代は「1268万人」，60歳代は「1836万人」でした。実に「1.45倍」の差です!!　この少子高齢化の進展によって選挙権を持つ人は，若年層は年々減るのに対し，高齢者は年々増えてきています。ちなみに「高齢化率」などの基礎となる65歳以上人口は「3427万人」で，全有権者の約31％を占めています。これでは若者の声は政治に届きにくくなり，お年寄りの声が大きくなることになりますよね。このような現象を「シルバー民主主義」とも呼んでいます。ですから，20歳代の約1200万人に18歳・19歳の約240万人を加えて若者の声を政治に大きく反映すべきだと考えられたのです。

　以上が，「18歳選挙権になった理由」です。

「主権者教育」ってなんですか？

（1）現代社会や政治・経済とどこが違うの？

　まず，「そもそも論」になりますが，「『政治・経済』や『現代社会』という科目があるのに，なぜ『主権者教育』なのか？」という疑問から始めましょう。

　新聞などの論調を見ると（いやいや，新聞の論調だけでなく世間一般では）「日本の若者の政治的関心は低い」ことになっているはずですね。

　質問です。では，「**あなたは，いまの自分の国の政治にどのくらい関心がありますか？**」

　「非常に関心がある」「どちらかといえば関心がある」「どちらかといえば関心がない」「関心がない」「わからない」から選んで下さい。

　内閣府の調査（**資料1**）によると，「あなたは，今の自国の政治にどのくらい関心がありますか」という質問に対して，日本の若者の関心度は，「非常に関心がある」「どちらかといえば関心がある」という回答の合計が50％を超えています。この数字はドイツの若者の回答の69.0％には及ばないにいせよ，アメリカの59.4％，イギリスの55.8％，フランスの51.8％と比べて遜色ない数字です。つまりこの数字から分かる

Q2「主権者教育」ってなんですか？

資料1 あなたは，今の自国の政治にどのくらい関心がありますか

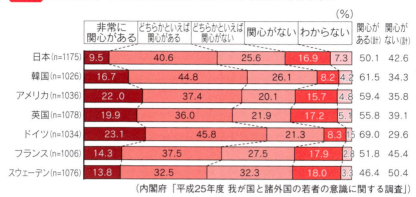

（内閣府「平成25年度 我が国と諸外国の若者の意識に関する調査」）

資料2 年齢別投票率（小選挙区選挙）

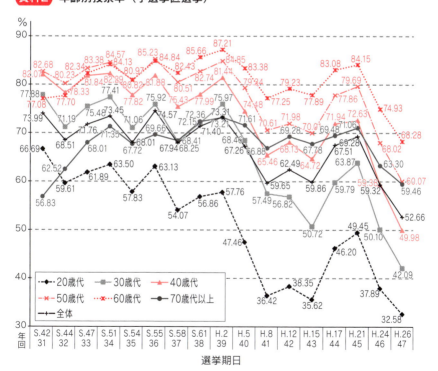

（衆議院議員総選挙における年代別投票率（抽出）の推移　総務省HP）

ことは，日本の若者の政治的な関心が決して低いとは言えないということなのです（ただし日本国内で，他の世代と比較すると若い世代の政治的な関心は低いという統計があります）。

では，政治的関心が低いとは言えない日本の若者が選挙に行くのかというと，2014年12月に実施された衆議院議員総選挙における20歳代の投票率は32.58％と低い投票率でした（**資料２**）。そこで，「日本の若者は政治的関心があるのに，なぜ棄権するのか」が問題となるわけです。

さて，**それにはどんな理由があると思いますか？**

いろいろな理由が考えられます。この点をもう少し深めてみましょう。

次の**資料３**は，2015年10月に宮崎県の選挙管理員会が，公立私立を問わず宮崎県内の全高校生にアンケートをとり，そのうち30,632人から回答を得たものです（アンケート結果は，宮崎県選管のＨＰにあります）。全県を挙げてのアンケートは，おそらく宮崎県以外にはないと思いますので，大変貴重な資料です。さて，「あなたは，次回選挙で投票に行きますか」という問いに，「行かない」「たぶん行かない」と答えた生徒に「投票に行かない理由」を質問した回答です。回答の４番目と５番目の「誰に投票するか判断できないから」「投票したい候補者がいないから」に注目しつつ，**これらの回答から分かることを「ひと言」でまとめてみましょう。**

高校生は「政党や政治などの知識や判断の決めてがないと投票に行きたくなくなる」というまとめでいかがでしょうか。同じアンケートからもう一つの**資料４**も見ていきましょう。このアンケートは「18歳選挙権に賛成ですか，反対ですか」という質問への回答者のうち，「反対」と回答した理由を質問したものです。注目してもらいたいのは，反対理由の第１位の「政治や選挙に関する知識がないから」と，第２位の「18歳は，まだ十分な判断力がないから」です。この回答からも，**資料３**同様，高校生は「実際の政党や政治などの知識や判断力がないと投票に行

きたくなくなる」ということが分かります。

主権者教育とは、「国や社会の問題を自分の問題として捉え、自ら考え、自ら判断し、行動していく主権者としての自覚を促し、必要な知識と判断力、行動力の習熟を進める教育」（明るい選挙推進協議会（以下

資料3 投票に行かない理由（3つ以内で選択）

	選択肢	回答人数	Q20で「行かない」「たぶん行かない」を選択した生徒に占める割合 ※1	全生徒に占める割合 ※2
1	興味がないから	2,633	41.0%	8.6%
2	めんどくさいから	2,508	39.1%	8.2%
3	誰が当選しても政治は変わらないから	2,264	35.3%	7.4%
7	誰に投票するか判断できないから	2,131	33.2%	7.0%
8	投票したい候補者がいないから	1,354	21.1%	4.4%
6	政治家は信用できないから	1,222	19.0%	4.0%
5	自分に何のメリットもないから	805	12.5%	2.6%
4	自分一人が行かなくても選挙結果に影響はないから	780	12.1%	2.5%
9	その他	592	9.2%	1.9%
	有効回答計	14,289		

※1 Q20で「行かない」または「たぶん行かない」と回答した生徒（6,422人）に占める割合
※2 アンケートに回答した全生徒（30,632人）に占める割合

（宮崎県選挙管理委員会HPより）

資料4 18歳選挙権に反対の理由（3つ以内で選択）

	選択肢	回答人数	Q1で「反対」の生徒に占める割合 ※1	全生徒に占める割合 ※2
1	政治や選挙に関する知識がないから	4,440	62.9%	14.5%
2	18歳は、まだ十分な判断力がないから	4,189	59.4%	13.7%
5	どうせ投票に行かない人が多いから	3,001	42.5%	9.8%
3	年齢を下げても政治は変わらないから	2,454	34.8%	8.0%
6	まだ社会に出ていないから	1,814	25.7%	5.9%
4	忙しくて投票に行けないから	571	8.1%	1.9%
7	その他	543	7.7%	1.8%
	有効回答計	17,012		

※1 Q1で「反対」と回答した生徒（7,055人）に占める割合
※2 アンケートに回答した全生徒（30,632人）に占める割合

（宮崎県選挙管理委員会HPより）

「明推協」）ＨＰより）と定義されています。つまり，「現実の政治を教材」とする教育なのです。高等学校で勉強している「政治・経済」や「現代社会」が衆議院の議員定数や任期などシステムの知識や解説が多かったのに対し，「主権者教育」は，主権者として行動できる知識や行動力を身に付けてもらう教育なのです。その意味で，これまで行われてきた公民科教育の反省の上にあるものと考えなくてはならないでしょう。そのため，高校生が持つ「面倒くさい」「社会のことがよく分からない」「政党の言っていることが分からない」「どのように投票先を選択したらよいか分からない」「私が投票しても政治は変わらない」などの気持ちや疑問に答え，主権者としての行動を促すことを目的とした教育といえるのです。

（２）「主権者教育」の目標は，選挙に行くことなのですか？

　「主権者教育」は，大きく「狭義」の主権者教育と「広義」の主権者教育に分けることができます。

　「狭義」の主権者教育とは，ズバリ「選挙に行こう！」「投票率を上げよう！」という教育といってよいでしょう。困らずに投票に行くことが出来るように，政党の知識や政策への判断力などを身に付けることが目標となります。

　それに対して，「広義」の主権者教育とは，先ほど示した定義にあるように「国や社会の問題を自分の問題として捉え，自ら考え，自ら判断し，行動していく主権者」を育てることを目標とし，自ら情報収集を行い，情報を的確に読み解き，考察し，判断する力や行動力を養うものです。ですから，政治的な判断をするための資料の収集方法，話し合いや討論の方法など幅広い力を養う教育と考えて下さい。

（３）「主権者」ってなんですか？

　では一歩すすんで *「主権者」* の定義ってなんでしょう。

　いろいろ答えがあると思いますが，「主権者」とは，「主権を有する

者」(『大辞林』) と定義されます。そして「主権」とは，

> 「①国民および領土を統治する国家の権力。　　　(例) 統治権。
> ②国家が他国からの干渉を受けずに独自の意思決定を行う権利。
> 　　　　　　　　　　　　　　　　　　　　　　　　(例) 独立国家。
> ③国家の政治を最終的に決定する権利。　　　　(例) 国民主権」
> 　　　　　　　　　　　(『大辞泉』小学館，一部筆者が加筆)

と定義されます。とすると，「国民主権」というのは，「国家の政治を最終的に決定できる権利が国民にある」ということなんですね。例えば，日本国憲法を改正するとき，最後は「国民投票」で決めることになっています。「国民主権」とはこのことです。でも国民全員が，いつもいつも「国家の政治」のことを考える時間はありません。ですから現代国家は，みんなで「分業」して，農業をしたり，営業をしたり，工場で車を作ったりしているのです。その仕事のひとつが，「みんな（国民）の代わりに『国家の政治』を考える議員」なのです。でも議員の決めたことがいつも正しいわけではありませんし，主権者である国民の利益に合っているわけではありません。ですから，定期的に議員は審判を受ける，あるいは議員の交代をはかる必要が出てきます。それが選挙です。

　ところで「株式会社」について学習しましたか？
株式会社で一番偉い人は誰でしょうか？
　答えは「社長」ですか？　違います。「株主」です。
　会社をスタートさせたり，新しく工場を建てるための資金を，「株式」を購入して出しあったのが「株主」です。ですから，会社は株主のものです。ですが，会社の持ち主である株主が，その会社の経営をいつも出来るかというと，大きな会社では株主はたくさんいますし，株主も暇ではありません。そこで，株主総会で，「1年間，君たちに会社経営を任せるよ」と社長たち経営陣を選出して運営を任せるのです。ですから社長以下経営陣がうまく経営をしないと，次の株主総会で「クビ」になっ

てしまうのです。

資料5を見て下さい。この株式会社の仕組みは、内閣、議員などと国民の関係に似ていませんか？

「株主＝国民」「社長＝内閣総理大臣」「株主総会＝選挙」とも読めますよね。ですから私たち主権者は、選挙で「次の数年間の政治を任せる人たち」を選んでいるわけです。

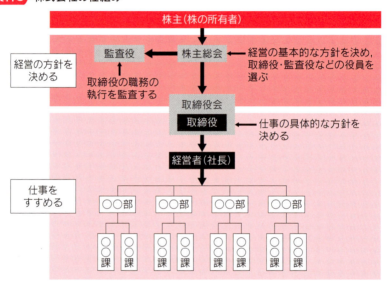

資料5　株式会社の仕組み

COLUMN 「民主主義」と「立憲主義」

「民主主義」はどのように定義されるでしょうか？

辞書では、「人民が権力を所有し行使する政治形態。古代ギリシャに始まり、17, 18世紀の市民革命を経て成立した近代国家の主要な政治原理および政治形態となった。近代民主主義においては、国民主権・基本的人権・法の支配・権力の分立などが重要とされる。現代では政治形態だけでなく、広く一般に、人間の自由と平等を尊重する立場をいう。」(『大辞泉』)と定義されています。私はもう少し易しく、民主主義を「みんなのことはみんなで決められる」こと（考え方）

と言っています。ただし，先ほど説明したように「みんなのことはみんなで決める」と言っても，すべての問題を国民全員で決めることはできません。

なぜ，すべての問題を全国民で決めることが出来ないのでしょうか？

現在わが国は1億人以上の国民がいるので，全員で話し合うのは無理ですし，すべての人が日々政治に関わることもできません。そこで，代表者が政治を行う「間接民主制（議会制民主主義）」という制度がとられているわけです。そして，選挙は，間接民主制（議会制民主主義）には必要不可欠のものです。では，その選挙で多数をとった政党や政治家達は，私たち全員の利益を常に守ってくれるのでしょうか？

左の表の中の数字は，A〜D4人のそれぞれの幸福度を表しているとします。現状は，「みんな『0』」です。ある選択肢Ⅰを実行すると，Aの幸福度は10に増え，Bは5に増え，Dも10に増えますがCは「−30」なので困った状態に陥りますし，全体では「−5」だけ困ったことになります。表と数字はこのような意味を持つものです。

あなたが政治家だったとしたら，政策選択としてⅠ〜Ⅲのどれを選びますか？理由もふくめて考えてみてください。

いろいろな考えがありますよね。あなたは政治家ですから「社会全体のこと」を考えていきます。では，幸福度の総計が一番大きい「選択肢Ⅱ」を選びましたか？　でもCの幸福度は「−30」ですよ？　それとも，全体の幸福度が下がっても，全員の幸福度がプラスとなっている「選択肢Ⅲ」を選びますか？　そうなんです。国民に選出された政治家だから「社会全体」のことを考えての決定だ，と言っても，少数の人が困った状態になったらいけませんよね（例えば，Cにだけ「重税」をかけて，残りの3人はその税金で手厚い社会福祉を受けられる，など）。

これでわかりましたか？　民主主義は「みんなのことはみんなで決める」ことなのですが，世の中には「みんなで決めてはいけないこと」もあるのです。それをルール化しておかないと，気がつかなかったり破ったりすることがあります。ですから「みんなで決めてはいけないこと」を「憲法」という形で明文化し，「『社会全体のため』と言ってしまいがちな政治家は特に憲法を守りなさい」という原則＝「立憲主義」が定められたのです。これが「憲法」や「立憲主義」が現代国家で重視される理由なのです。

さて，最後に質問です。**「国民は憲法を守らなければならない」**という問いへの答えは「**○**」ですか？　「**✕**」ですか？

	A	B	C	D	総計
現在	0	0	0	0	0
選択肢Ⅰ	10	5	−30	10	−5
選択肢Ⅱ	25	25	−30	40	40
選択肢Ⅲ	10	10	5	10	35

そもそも選挙ってなんですか？

「18歳選挙権になった理由」としてあげられているのは，世界の趨勢や，憲法改正にかかわる国民投票法での選挙権年齢などです。それでも「社会に出ていないし，政治のこともよく分からないし，必要だとも思わないのに，なぜ『18歳選挙権』になってしまうのだろう？」と感じている人は多いと思います。ここでは，その点を考えてみましょう。

（1）選挙ってなんでしょうか？

さて質問です。*「選挙」ってなんでしょうか？　「選挙」はなんのためにあるのでしょうか？*

いろいろな答えがあると思います。よく出てくる回答は，「私たちの代表者を選ぶ」「主権者としての行動」などです。ここでは，「将来を決めること」としておきましょう。「え？　選挙って『将来』を決めるのですか？」との質問も出てくると思います。そうなんです。将来を決めています！　例えば，衆議院選挙や参議院選挙という国政選挙は，大体2年半に1回あると言われています。私たちの一票で，国会議員がきまり，授業で学習したようにその国会議員の中から内閣総理大臣が選ばれ

るのです。つまり，私たちが選んだ人たちが，約2年半，法律を作り，予算を決め，外交政策を決めていくのです。まさしく「この一票が，これからの2年半を決める」ことになります。

さて，では，国会議員や内閣総理大臣が「法律を作り，予算を決め，外交政策を決めていく」のですが，私たちの生活にどのような影響を与えているのでしょうか？

例えば，累積国債残高について考えてみましょう。「国債」というのは国の借金ですよね。「累積」ですから，その借金が積もり積もって，日本の借金の残りがふくらんでいます。

いったいいくらになっているでしょうか？

「10兆円」？「100兆円」？　なんと2016年度末で「838兆円」です（感覚的に「兆」という単位は分かりづらいですね）。この国債は「借金」ですから返さなくてはいけませんね。どのように返すのですか？もちろん，普通払っている税金以上に，私たちから税を取って返済することになるかもしれません。つまり増税です。では，この838兆円を国民一人あたりにするといくら増税しなくてはならないでしょうか？

解答は国民1人あたり「664万円」（財務省資料による）です。そうです。皆さんの未来にはこれまでの税金以上に「664万円」の借金返済（増税）が待っているのです。ところで，2015年度末の数字は，国債残高が約807兆円，国民一人あたりの借金額は約638万円でした。え？増えているって？？　年々借金は増えているんです！　え？　嫌ですって？？　でも，その予算を決めているのは，みんなが選んだ国会議員であり，予算を編成しているのは内閣なんですよ。

長くなりましたが，「選挙とは『将来』を決めること」という意味が分かりましたか？「借金をしてでも社会保障を充実して欲しい」「借金をしてでも景気対策をして欲しい」のか，「多少社会保障への予算を減らしても，健全財政（借金を減らすこと）を目指して欲しい」「景気対策と言って公共事業費などをばらまいているけれど，その予算をカットして借金を減らしたり返して欲しい」のか，私たちが選挙でどの立候補

者に投票するかで決まってくるのです。

　確認ですが，内閣や国会は日本の将来に対し，大きな権限を持っています。例えば，内閣が予算を編成し，国会が議決するのです。その「議員を選ぶ」＝「『将来』を決める」のが選挙であることが分かってもらえましたか？

（2）選挙権年齢の引き下げに「賛成」？　「反対」？

　「選挙」は自分たちの将来を決めることであることは確認できました。では，選挙で投票したいですか？　つまり，**高校生でも投票できるように，選挙権年齢の引き下げに賛成ですか？　反対ですか？**

　資料1は，2015年10月に宮崎県の選挙管理委員会が，公立私立を問わず宮崎県内の全高校生にアンケートをとり，そのうち30,632人から回答を得たものです。「賛成」の方が「反対」よりも約13％多いということよりも，「わからない。どちらともいえない。」が第1位（40.9％）であることに驚きませんか？

　さて，「18歳選挙権に賛成」に注目してみましょう。この理由はどのようなものだと思いますか？

　ちょっと次の**資料**と比べてみましょう。

　資料3は，**資料1**で「賛成」を選択した高校生にその理由を「3つ以

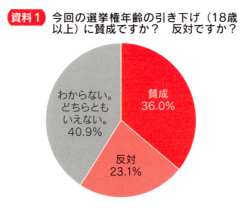

資料1 今回の選挙権年齢の引き下げ（18歳以上）に賛成ですか？　反対ですか？

Q3 そもそも選挙ってなんですか？

COLUMN　世代間格差

　世代間格差は、「世代会計」とも呼ばれています。「個人が一生の間に国に支払う額と国から受け取る額を、世代別に推計すること」です。これは、国民負担の世代間格差を示す指標として用いられています。「税金・社会保険料などの負担額と、年金・医療保険・補助金の給付などの受益額の差額を世代別に算出し、現在の価値に換算して比較します。」(『大辞泉』前掲書)

　簡単に説明すると、あなたが一生の間に「国に払うお金（税金や社会保険料など）」から、「国から受け取るお金（年金、医療保険給付など）」を引いたものを、他の世代と（例えば、保護者と比較したり、祖父母と比較したり、たったいま生まれてきたばかりの赤ちゃんと）比較して、プラスかマイナスかを見ることです。日本は少子高齢化が他の先進国以上に速いスピードで進んだため、祖父母と親、そして今の高校生の間には大きなギャップが見られます。

　いろいろな計算方法があるので一概には言えませんが、社会保障制度の世代間格差の資料2から分かることは、1950年生まれの人は「国から受け取るお金」－「国に払ったお金」＝「プラス」ですから、あまり良い言い方ではありませんが「儲かった世代」です。しかし、皆さんの世代に近い1995年生まれの人は、一生涯で「3600万円」前後の「マイナス」になるわけです。つまり、お年寄り世代の方が負担はなく（生涯で『プラス』）、若い世代ほど負担が重く（生涯で『マイナス』）なっていることが分かります。これを**世代間格差**と呼んでいるわけ

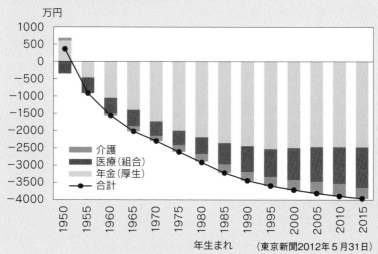

資料2　社会保障制度の給付と負担の世代別格差（生涯サービス受給額から生涯保険料支払額を差し引いた額）

（東京新聞2012年5月31日）

です。

　原因は，簡単に言うと「少子高齢化」や「インフレ」が理由ですが，年金の「積立方式」から「賦課方式」への変更などや，明らかな「少子化対策」の出遅れが響いています。それらの問題に対する対応の遅れが原因なのですから，政策上の問題と言えます。ですから，この世代間格差の広がりは，私たち（正確に言えば「私たちの先輩達」）の「一票の選択」の結果だと言えるでしょう。

内」で選んでもらったものです。
第1位が「若者の意見を反映させることができるから」ですね。

　先ほど説明したように，選挙が「将来の選択」だとしたら，自分たちの意見に近い立候補者を当選させて，自分たちの意見を国会の場に反映させたいと思うのは当然だと思います。第4位の「若者を重視した政策が増えるから」も同じ考え方なのでしょうね。

　では，「18歳選挙権」に反対する意見はどのような理由なのでしょうか？　いろいろ出てくると思いますが，宮崎県の高校生と比較してみましょう。

資料3　「賛成」の理由はなんですか？（3つ以内で選択）

	選択肢	回答人数	Q1で「賛成」と回答した生徒に占める割合 ※1	全生徒に占める割合 ※2
1	若者の意見を反映させることができるから	8,286	75.5%	27.1%
5	若者の政治への関心が高まるから	6,514	59.3%	21.3%
2	18歳は，もう十分な判断力があるから	3,781	34.4%	12.3%
4	若者を重視した政策が増えるから	3,187	29.0%	10.4%
3	多くの国で選挙権は18歳以上となっているから	2,542	23.2%	8.3%
6	もう社会人となっている人もいるから	2,459	22.4%	8.0%
8	その他	702	6.4%	2.3%
7	大人扱いしてくれるから	410	3.7%	1.3%
	有効回答計	27,881		

※1　Q1で「賛成」と回答した生徒（10,977人）に占める割合
※2　アンケートに回答した全生徒（30,632人）に占める割合

資料4は，資料2で「反対」を選択した高校生にその理由を「3つ以内」で選んでもらったものです。

第1位が「政治や選挙に関する知識がないから」，第2位が「18歳は，まだ十分な判断力がないから」ですね。では，政治や選挙に関する「**知識がついたら**」，あるいは，投票のための十分な「**判断力がついたら**」，自分たちの意見を反映させるために「投票に行く」＝「18歳選挙権に賛成」しても構わないということになるのでしょうか。

ここに「主権者教育」の必要性があるのです。

「主権者教育」は，「国や社会の問題を自分の問題として捉え，自ら考え，自ら判断し，行動していく主権者としての自覚を促し，必要な知識と判断力，行動力の習熟を進める教育」と定義されています（明推協HPより）。つまり，「現実の政治を教材」として，**政治や選挙に関する「知識」をつけたり，投票のための「判断力」を養う教育**なのです。

ですから，これから「主権者教育」でしっかり学んで，これらの力を身に付けて，自信を持って投票に行って下さい。

資料4 「反対」の理由はなんですか？（3つ以内で選択）

	選択肢	回答人数	Q1で「反対」の生徒に占める割合 ※1	全生徒に占める割合 ※2
1	政治や選挙に関する知識がないから	4,440	62.9%	14.5%
2	18歳は，まだ十分な判断力がないから	4,189	59.4%	13.7%
5	どうせ投票に行かない人が多いから	3,001	42.5%	9.8%
3	年齢を下げても政治は変わらないから	2,454	34.8%	8.0%
6	まだ社会に出ていないから	1,814	25.7%	5.9%
4	忙しくて投票に行けないから	571	8.1%	1.9%
7	その他	543	7.7%	1.8%
	有効回答計	17,012		

※1 Q1で「反対」と回答した生徒（7,055人）に占める割合
※2 アンケートに回答した全生徒（30,632人）に占める割合

なぜ若者は選挙に行かないのですか？

　選挙があるたびに，新聞やテレビで「若者の投票率が低い」と報道されます。どうしてなのでしょうか？　今回は「若者の投票率はなぜ低いのか？」を考えてみましょう。

(1) 高校生は，政治や社会問題への関心はないのか？

　たしかに選挙のたびに「若者の投票率が低い」と報道されています。しかし，「投票率が低い」のは確かですが，高校生などの政治的関心は本当に低いのでしょうか？　これから使用する資料は，宮崎県選挙管理委員会が高校生に行ったアンケートです。

　資料1は「あなたは，政治や社会問題に対する関心がありますか？」という問に対する回答です。関心が「ある」「少しある」の合計が58.2％で，半数以上の高校生が，多い少ないは別として関心を示していました。この結果から，高校生の政治や社会問題への関心は，決して低くはないことが分かると思います。

(2) 若者が選挙に行かない理由は？

ここでは，資料2と資料3から「若者が投票に行かない理由」を，もう少し詳しく分析してみましょう。

まず，注目して欲しいのは，資料2の第2位「めんどくさいから」です。

「めんどくさい」と，なぜみなさんは選挙に行かないのですか？ 行かなくなる理由を考えて下さい。

資料1

- ある 16.8%
- 少しある 41.4%
- あまりない 26.0%
- 全然ない 15.7%

資料2 投票に行かない理由（3つ以内で選択）

	選択肢	回答人数	Q20で「行かない」「たぶん行かない」を選択した生徒に占める割合 ※1	全生徒に占める割合 ※2
1	興味がないから	2,633	41.0%	8.6%
2	めんどくさいから	2,508	39.1%	8.2%
3	誰が当選しても政治は変わらないから	2,264	35.3%	7.4%
7	誰に投票するか判断できないから	2,131	33.2%	7.0%
8	投票したい候補者がいないから	1,354	21.1%	4.4%
6	政治家は信用できないから	1,222	19.0%	4.0%
5	自分に何のメリットもないから	805	12.5%	2.6%
4	自分一人が行かなくても選挙結果に影響はないから	780	12.1%	2.5%
9	その他	592	9.2%	1.9%
	有効回答計	14,289		

※1 Q20で「行かない」または「たぶん行かない」と回答した生徒(6,422人)に占める割合
※2 アンケートに回答した全生徒(30,632人)に占める割合

どうですか？ 政治学や経済学の知識はなくとも、「自分の投票で政治が変わるという気持ち（有用感）」を持てないと、わざわざ自分の時間をつぶして投票に行かなくなるのはあたりまえですよね。この点を**「課題1」**としたいと思います。

次に、注目するのは**資料2**の第4位「誰に投票するか判断できないから」、**資料3**の第1位「政治や選挙に関する知識がないから」と第2位「18歳は、まだ十分な判断力がないから」、第5位の「まだ社会に出ていないから」です。

これらを、若者は選挙で「誰に」「どの党に」投票したらよいのか「選択する自信がない」とまとめたいと思います。さて、なぜ若者は「選択する自信がない」と棄権するのでしょうか？

いろいろな答えがあると思いますが、「まだ社会のことが分からないのに」「政党の言っていること（政策やマニフェスト）がよく分かっていないのに」「社会経験がないのに」という考えが若者世代からは聞かれます。そうなんです、大人たちは若い世代を「いい加減な世代だ」と言いますが、実は若い世代は、かなり「真面目」なんですよ！ この

資料3 18歳選挙権に反対の理由（3つ以内で選択）

	選択肢	回答人数	Q1で「反対」の生徒に占める割合 ※1	全生徒に占める割合 ※2
1	政治や選挙に関する知識がないから	4,440	62.9%	14.5%
2	18歳は、まだ十分な判断力がないから	4,189	59.4%	13.7%
5	どうせ投票に行かない人が多いから	3,001	42.5%	9.8%
3	年齢を下げても政治は変わらないから	2,454	34.8%	8.0%
6	まだ社会に出ていないから	1,814	25.7%	5.9%
4	忙しくて投票に行けないから	571	8.1%	1.9%
7	その他	543	7.7%	1.8%
	有効回答計	17,012		

※1 Q1で「反対」と回答した生徒（7,055人）に占める割合
※2 アンケートに回答した全生徒（30,632人）に占める割合

> **COLUMN** 「興味がないから」という理由は？
>
> 　皆さんの中には，あれ？　**資料2**の第1位は「興味がないから」なのに，**課題として取り上げられていないぞ！**　と疑問に思った人もいると思います。政治に「興味がない」と答えた人たちは，いわゆる「政治的無関心層」と言ってよいと思います。ただしこの無関心層は「いつも政治に『無関心』か」というと，政治的課題（困ったこと）が自分の身に降りかかってくると，とたんに政治への関心を高めていくと考えられます。具体的には，「消費税増税」「高等学校授業料無償化」「給付型奨学金の充実」などが政策の課題（政策の争点）として出てくると政治への関心を高めるはずです。
> 　ですから，もしあなたが今，政治には「関心がない」と思っていても，自分に関わる問題を想定して下さい。
> 　とにかく「関心」を持つことが出来れば，「投票に行って，自分の意見に近い候補者に一票入れなくちゃ!!」という気持ちになれるはずです。

「真面目」さゆえに，「各政党のマニフェストの内容が分からないうちに投票してはいけない」などと思い，棄権している人が多いのです。この「選択に自信がない」を**課題2**としたいと思います

　最後は，**資料2**の第3位「誰が当選しても政治は変わらないから」，第8位の「自分一人が行かなくても選挙結果に影響はないから」，**資料3**の第4位「年齢を下げても政治は変わらないから」のように「自分の一票で政治が変わる」という「有用感」が持てないことです。この点を「**課題3**」としたいと思います。

　以上が，若者が投票に行かない理由「ベスト3」です。

（3）「若者が投票に行かない理由」から考える「主権者教育」とは？

　さて，これで若者が投票に行かない理由がわかりました。次にそれぞれの**課題**への対策を考えてみましょう。ではみなさん，それぞれ**課題1～課題3**に対応した「主権者教育」を考えてみて下さい。

　①**課題1**の「面倒くさい」対策として，模擬選挙などで選挙を体験させる

　②**課題2**の「選択する自信がない」対策として，いくつかのテーマに

絞った政策比較を体験させる
　③**課題３**の「有用感がない」対策として，「選挙に行かないと損をする」ことを体験させたり理解させたりする

ことが対策になると考えられます。

　まず**課題１**の「面倒くさい」対策からです。１回でも投票した経験があれば，投票はそれこそ「10分」で終わることはわかるのですが，選挙を経験していない高校生は，投票にはかなりの時間がかかると考えてしまいがちです。ですから，「模擬選挙（模擬投票）」を経験してもらい，「投票はこんなに簡単なんだ」ということを実感してもらうのです。実際，模擬選挙を経験した高校生のアンケートには「選挙が，こんなに時間がかからないことを初めて知った。これならば気楽に行くことができる」という感想が多くみられます。

　次に，**課題２**の「選択する自信がない」対策です。政党（立候補者）の提案する政策（マニフェスト）を比較して，自分の考えに合った政党（立候補者）を見つける訓練をすることをおすすめします。

　最後は，**課題３**の「有用感がない」対策です。この点については，「私の一票で『選挙結果が変わった』」といった事例を読んだり，「投票に行かないと損をする」経験をすれば良いのではないでしょうか？　実際，2015年の統一地方選挙で，ある村長選挙の「当選者と次点の差は『３票』だった」，同じ統一地方選挙の熊本市議会議員選挙，北海道の３つの町や村の議員選挙，長野県の村議会議員選挙では得票数が同数となったため当選者を決める「くじ引き」が行われた例があるのです。まさに「１票」をめぐる選挙戦だったのですね。ちょっと驚いたのではないでしょうか？

　棄権の理由から考える主権者教育については，第３編で詳しく紹介したいと思います。

Q5 選挙に行かないことは悪いことなのですか？

「『毎日の生活が幸せだから』『現在の生活に満足しているから』，特に選挙に行く必要はない」と考えている人はいませんか？

選挙に行かない理由を考えましたが，そこで紹介した理由の根底にはこのような「いまの生活に別に不満はない」という気持ちがあるという人も多いと思います。

今回は，この疑問について考えてみましょう。

（1）選挙に行かないことは悪いこと？

ズバリ，この質問への回答は，**「悪いことではありません！」**

近代以降，選挙の原則は5つ確立しています。

①普通選挙：一定年齢に達したすべての成年者に選挙権を与える。

②平等選挙：すべての人の一票は，同等の価値で平等に扱う（一人一票）。さらに，人口と議員数との割合を選挙区間で均等にすべきであるという「投票価値の平等」も含まれる。

③秘密選挙：投票で不利益を受けぬよう投票内容を秘密にして，自由な投票を守る。

④直接選挙：選挙権を持つ有権者本人が直接，候補者に投票する。
⑤自由選挙：本人の自由意思で投票でき，棄権も認められる。選挙干渉，強制投票は認められない。また，投票に関して，公的にも私的にも責任を問われず，立候補と選挙運動の自由が保障される。

　ここでは「⑤自由選挙」に注目して下さい。「**棄権が認められている**」し，「**強制投票**」**は認められていません**。これでわかったと思いますが，日本では権利として「棄権」が認められていますし，「お前絶対投票に行け！」などという「強制投票」は認められていないのです。

（2）選挙に行く人たちの気持ちはどのようなものなのだろう？

　次の資料は，宮崎県選管による高校生へのアンケートの結果です。
　資料1は，「18歳になって初めて迎える選挙。ズバリ，あなたは投票に行きますか？」という問への回答です。「行く」「たぶん行く」を合わせると65.1％になり，だいたい3人に2人が「投票に行く意思表示」をしています。反対に「行かない」という固い意思の高校生は，わずか7.8％にすぎませんでした。
　資料2は，**資料1**の問に「行く」または「たぶん行く」と答えた高校生に，「『行く』理由は何ですか？」と質問した答えです。
「せっかく与えられた権利だから」「国民の義務と思うから」「自分の声を政治や社会に反映させたいから」「記念すべき人生初の選挙だから」などの答えが並びます。
　どうですか？　「『毎日の生活が幸せだから』『現在の生活に満足しているから』，特に選挙に行くつもりはない」と考えていた皆さん，同世代の高校生の意見を読んで，行ってみようかな？　と思いませんか？

（3）選挙に行かないと何か困るのでしょうか？

　はじめに断ったとおり，棄権も権利の行使なのですから，「選挙に行け！」と命じられることはありません。しかし，たくさんの若者があまりにも投票に行かないと困ったことになります。ズバリ，「若者向けの

Q5 選挙に行かないことは悪いことなのですか？

政策がなくなっていき，お年寄り向けの政策ばかりになる」のです。

　前回2014年の衆議院選挙では20歳代の投票率が約32％，60歳代の投票率が約68％と，60歳代の投票率は若者の約2倍でした。さらに少子高齢化の影響で，もともと若者の数が少ないのです。そのため，20歳代が約400万票投票したのに対して，60歳代は約1200万票投票しています。

　さて，あなたが選挙に立候補するとしたら，「若者向けの政策」と

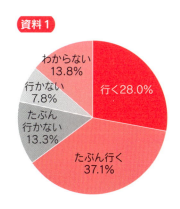

資料1

- 行く 28.0%
- たぶん行く 37.1%
- たぶん行かない 13.3%
- 行かない 7.8%
- わからない 13.8%

資料2 選挙に「行く」理由は何ですか？（3つ以内で選択）

	選択肢	回答人数	Q20で「行く」「たぶん行く」と回答した生徒に占める割合 ※1	全生徒に占める割合 ※2
3	せっかく与えられた権利だから	12,247	61.7%	40.0%
4	国民の義務と思うから	10,247	51.6%	33.5%
2	自分の声を政治や社会に反映させたいから	7,146	36.0%	23.3%
1	記念すべき人生初の選挙だから	4,938	24.9%	16.1%
5	周りから投票に行くように言われるから	1,885	9.5%	6.2%
7	その他	1,208	6.1%	3.9%
6	大人になった気がするから	1,164	5.9%	3.8%
	有効回答計	38,835		

※1 Q20で「行く」または「たぶん行く」と回答した生徒(19,848人)に占める割合
※2 アンケートに回答した全生徒(30,632人)に占める割合

「お年寄り向けの政策」どちらに力を入れて提案したり，実現しようとしますか？

立候補した以上当選したいですから，当然，投票数が多い「お年寄り向けの政策」に力を入れるはずです。このように「少子高齢化の進行に伴って，有権者人口に占める高齢者（65歳以上のシルバー世代）の割合が増加し，高齢者層の政治的影響力が高まること。若年層や中年層の意見が政治に反映されにくく，高齢者向けの施策が優先されがちになるといった弊害が指摘されている」（『大辞泉』）現象を，「シルバー民主主義」と呼んでいるのです。

え？　自分の生活に満足しているから「シルバー民主主義」でも良いですって？　本当に身の回りに困ったことはありませんか？　「お小遣いは足りていますか？」「足りないならば，保護者に値上げ交渉してみませんか？」「保護者にお小遣いの値上げが断られた理由は何ですか？」「保護者のお給料が上がらず，物価も上がり，さらに高校の授業料が上がっているという理由ですか？」「なぜ保護者のお給料が上がらないのですか？　また，なぜ高校の授業料が上がっているのですか？」「議員達が考えている『経済対策』が誤っていたり，国や都道府県からの高校（教育）への支援が減っているからではありませんか？」…。

「風が吹けば桶屋が儲かる」方式に説明しましたが，「消費税増税」にしろ，「若者の就職状況」にしろ，「高校授業料無償化」にしろ，身近なところに課題はたくさんあります。

さらに，国民全体の投票率が下がると，立候補者は当選するために，いわゆる「組織票（選挙で，ある団体が団結して特定の政党や候補者に投ずる票）」（『大辞林』）に頼ることになります。例えば，建設業界に「投票のお願い」をしたとします。そうすると，その立候補者が建設業界の組織票で当選したあかつきにはどうなりますか？　立候補者は「建設業界向けの政策」実現に力を入れるでしょうし，さらに，次の選挙での当選を考えて，同じような政策に力を入れることになります。いよいよ「若者向けの政策」は遠のいていくのです（「建設業界」を，「お年寄

COLUMN 「強制投票」の国なんてあるの？

皆さんは「強制投票制度（義務投票制度）」という制度を知っていますか？　文字通り「投票に行かないと『罰則を与える』」という制度です。「え!?『自由投票』の原則があるのに，そんな国があるの？」と思うかもしれませんが，民主主義が「みんなのことはみんなで決めること」であるならば，「ちゃんと『みんな（全員）』で決めようね！」という選択があっても良いわけです。また，その発想の根底には，民主主義はみんなで作り上げるものなので，投票は「権利」であると同時に「義務」だという考えがあります。そのような理由でこの制度を取っている国もあるのです。

次の資料3は，少し古いのですが参考にして下さい。少なくとも，1995年当時は，先進国であるベルギーやリヒテンシュタイン，ルクセンブルクが棄権に対して罰金や選挙権停止を定めています。ちょっと驚きです。

イタリアやメキシコは罰則がないのに「義務」なんですね。ギリシャやキプロスの禁固（刑務所に入る）はかなり厳しいですね。しかし，それら「強制」のためか，エジプトの44％を除いて，各国とも70〜90％の投票率です。罰則がなくともそのくらいの投票率になって欲しいものです。

資料3　強制投票制度を採用している国

国名	罰則	最近の投票率
アルゼンチン	罰金・公職就任禁止	79％（93年下院）
イタリア	なし	86％（94年下院）
オーストラリア	罰金	96％（93年下院）
エジプト	罰金	44％（90年議会）
キプロス	禁固・罰金	94％（91年議会）
ギリシャ	禁固	79％（93年議会）
メキシコ	なし	77％（94年大統領）
ペルー	罰金	75％（92年制憲議会）
シンガポール	選挙権停止	95％（91年議会）
トルコ	罰金	83％（91年議会）
ブラジル	罰金	89％（92年統一地方）
ベネズエラ	罰金	60％（93年上下院）
ベルギー	罰金・選挙権停止	91％（95年下院）
リヒテンシュタイン	罰金	85％（93年議会）
ルクセンブルク	罰金	統計なし

（毎日新聞1995年8月4日）

り」に代え，政策を「年金増額」に置き換えて考えるのもよいでしょう）。

　さて，これで投票に行く理由は納得してもらえたと思います。あとは，どのように投票先を決めるかです。投票先の選び方もあまり難しく考えないことです。投票は，実際は10分で終わります。さらに付け加えると，万が一，投票先が見つからない場合は「白票」でも良いのです。

　立候補者に「若者向けの政策」に力を入れさせること，そのためにも投票に行く価値はあるのです。

私の一票が,社会に影響をあたえて大丈夫ですか?

　高校生に「18歳選挙権への賛成・反対」を質問して,「反対」と答えた生徒にその理由を聞くと「政治のことをよくわからないから」「社会経験がなく,社会のことをよく知らないから」という答えをよく聞きます。さて,社会や政治のことをよく知らないと選挙に行ってはいけないのでしょうか? 今回はこのテーマを考えてみましょう。

(1)「政治を知っている」ってどんなこと?

　まず「そもそも論」ですが,「政治を知っている」とは,何をどの程度知っていると**知っている**と言えるのでしょうか?

　少し困らせる質問なので,質問相手にちゃんと断ってから,保護者や学校の先生に,「政治をキチンと理解してこれまで投票していましたか?」と質問してみましょう。おそらく「『キチンと理解』とは,どのくらいの『理解』をイメージしているの?」と逆に質問されるか,「いや,『キチンと理解』していたとは思えないなあ」との答えが返ってくると思います。そうなのです。「キチンと政治を理解して投票している」と答える人はほとんどいないと思います。政治学の大学の先生でも,国

会議員でも，内閣総理大臣だって言わないはずです。

では，大人はどのように投票しているのか？　要は「現在知っている知識」を使って，自分にとって「興味がある争点を比較」して，投票している人が大多数だと思います。つまりポイントは，**「現在知っている知識」**となります。

(2)「一生勉強」？

人間は学習することが出来る動物です。皆さんも大人も，毎日いろいろなことを学び経験して「知っている知識」を増やしているのです。ですから，日々努力をしていれば，投票日当日に持っている知識が，あなたにとって「現在知っている知識」だと堂々と言ってよいのです。つまり，毎日毎日「一生勉強」していればよいのです。

さて，*あなたは政治や社会問題について学校で学びたいですか？*

次の**資料**は，宮崎県選管の高校生へのアンケート結果です。

資料1は，「政治や社会問題について学校で学びたいですか？」という問いに対する回答です。「学びたい」高校生が，64.9%と，約3人に2人でした。

なぜあなたは，政治や社会問題について学びたいのですか？　理由を挙げて考えてみてください。

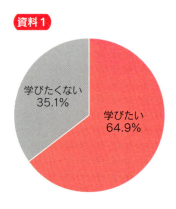

資料1

宮崎県の高校生の考えを比べてみましょう。次の**資料2**は、「政治や社会問題について学びたい」と答えた生徒に、「学びたい理由は何ですか（2つ以内で選択）」と質問した回答です。この回答の、第1位「社会知識として知っておきたいから」、第3位「ニュースや新聞では、なかなか理解できないから」、第5位「クラスメートなど、いろいろな人の意見が聞きたいから」は、まさしく**「学び続ける姿勢」**そのものだと言ってよいと思います。その姿勢さえ持ち続けていれば、「政治のことを知らない」などと思わず、「とりあえず、いまの知識で十分」と胸を張って投票に行くべきでしょう。

（3）「学ぶ」方法はどのようなものがあるのでしょうか？

とにかく「**学び続ける姿勢**」があれば良いと説明しました。しかし、どのように学んだらよいのでしょうか？ 自分一人で？ 学校で？ 友達と？ 保護者と？…、いろいろ考えられます。

では、*政治や社会問題に対する理解や関心を高めるために、どのような取り組みが効果があると思いますか？*

いろいろな取り組みがありますが、次の**資料3**は、「政治や社会問題に対する理解や関心を高めるために、どの取り組みが効果があると思い

資料2 学びたい理由は何ですか（2つ以内で選択）

	選択肢	回答人数	Q13で「学びたい」と回答した生徒に占める割合 ※1	全生徒に占める割合 ※2
1	社会知識として知っておきたいから	15,668	79.2%	51.1%
5	わからないまま投票するのは不安だから	7,836	39.6%	25.6%
3	ニュースや新聞では、なかなか理解できないから	5,548	28.1%	18.1%
2	興味があるから	4,407	22.3%	14.4%
4	クラスメートなど、いろいろな人の意見が聞きたいから	1,137	5.7%	3.7%
6	その他	538	2.7%	1.8%
	有効回答計	35,134		

※1 Q13で「学びたい」と回答した生徒（19,775人）に占める割合
※2 アンケートに回答した全生徒（30,632人）に占める割合

ますか？（３つ以内で選択）」という質問への回答です。皆さんの回答と比べてみましょう。

第１位「ニュース等で話題になっている政治や社会問題を，学校で先生から説明してもらう」，第３位「学校で，政治や社会問題について，生徒同士でディベートや話し合いをする」，第５位の「知事や市町村長，議員を呼んで，話を聞いたり，意見交換する」，第６位「学校で，模擬選挙を体験する」は，学校で学ぶことですね。是非この資料を先生に見せて，「私もこのような方法で学びたいので，先生，授業で取り入れて下さい」と，頼んで下さい。現在，どこの学校でも「主権者教育」を取り入れようとしているところですから，皆さんからの後押しがあると，先生方も実施しやすくなると思います。

次に，第２位「テレビや新聞，インターネットなどのニュースを見る」，第４位「議会の見学（傍聴）に行く」，第７位「政治家のホーム

資料3 政治や社会問題に対する理解や関心を高めるために，どの取り組みが効果があると思いますか？（３つ以内で選択）

※1

	選択肢	回答人数	全生徒に占める割合
1	ニュース等で話題になっている政治や社会問題を，学校で先生から説明してもらう	16,327	53.3%
9	テレビや新聞，インターネットなどのニュースを見る	14,936	48.8%
2	学校で，政治や社会問題について，生徒同士でディベートや話し合いをする	7,455	24.3%
4	議会の見学（傍聴）に行く	6,592	21.5%
3	知事や市町村長，議員を学校に呼んで，話を聞いたり，意見交換する	5,748	18.8%
5	学校で，模擬選挙を体験する	3,953	12.9%
8	政治家のホームページやブログを読む	2,875	9.4%
6	選挙の時に，投票所などの事務を手伝う	2,741	8.9%
10	その他	1,935	6.3%
7	政治家の活動報告会に参加する	1,827	6.0%
	有効回答計	64,389	

※1 アンケートに回答した全生徒（30,632人）に占める割合

> Q6 私の一票が，社会に影響をあたえて大丈夫ですか？

| COLUMN > メディア・リテラシーの確立

　新聞，雑誌，テレビ，ラジオ，インターネットなど私たちは，様々なメディアに囲まれていますが，それらメディアを自分で読み解き，必要な情報を引き出し，その真偽を見抜き，活用する能力をメディア・リテラシーと呼びます。
　「情報の受け手」として，メディアに接する際に注意することは，発信された情報には，程度の差こそあれ，何かしらの偏り・嘘，操作（故意的隠蔽や誇張），間違った情報などが含まれている可能性を前提としてその情報を読み取り，情報の目的，内容，背景など考えることです。
　そもそも，「情報の送り手」は，故意がなくとも，事実上「情報の選別」を行っています。例えば，40人の生徒がいる教室には無数の情報が存在します。40人の生徒の名前，性別，生年月日，成績，身長・体重，好きな（嫌いな）食べ物，などです。その他，教室の床は木で出来ているか，タイルでできているか，担任の名前性別は，教室の大きさは，照明の明るさは，窓の大きさはどれくらいかなど，情報量は膨大な量となります。その中で，新聞記者は「これを読んで欲しい」と無数にある情報の一部を記事にするわけです。もしあなたが欲しい情報と記者が選択した情報と異なっていたら困ることになりますね。
　そのほか，権力などによる「情報操作」への懸念もあります。太平洋戦争中の戦況報告は必ず「大本営発表」でしたし，近頃でも，原発再稼働などの課題について政府寄りでない意見を持ったニュースキャスターなどの降板が相次いでいるとの指摘もあります。さらに特に民放は，ＣＭ収入に経営を依存しているため，「ＣＭのスポンサーの商品を批判しにくい」との意見がもともとありました。
　このような理由で，「情報の受け手」には，「その情報は信用できるかどうか」を判断することが必要になるわけです。具体的には，複数のメディアから同一テーマの情報を手に入れ，比較検討する必要があります（例えば，新聞は複数の新聞を読みましょう！）。さらに一歩進めて，その情報を発信した側にはどのような意図・目的で情報を流したり，編集したか考え，自分なりの情報の取捨選択を行う必要があるわけです。

ページやブログを読む」，第8位の「選挙の時に，投票所などの事務を手伝う」は，個人で出来る「学び」ですね。ただし，「テレビや新聞，インターネットなどのニュースを見る」と「政治家のホームページやブログを読む」については，複数の新聞を比較して読んだり，インターネットの書き込みなどの裏付けをしてみたり，ホームページやブログもその背景や資料の存在を考えながら読むなど，「メディア・リテラシー」に注意して下さい。

大人はなにを基準に投票する人を決めているの？

　高校生に「18歳選挙権」の話をすると、「誰に投票したらよいかわからない。大人はどうやって投票先を決めているの？」と逆に質問されてしまいます。実は大人の投票基準も人それぞれです。ここでは、大人の投票基準を調べてみましょう。

(1)「大人の投票基準－その１－」

　次の資料１は、前回の参議院議員選挙の際、日本経済新聞が行ったアンケートの結果です（2013年７月19日付日本経済新聞より）。

　第１位が「掲げる政策がもっともだから」と、『政策』を重視していることがわかります。第２位が「支持する政党・団体が推しているから」という回答も、その政党を支持している「理由」は何かを考えると、やはり回答の第１位と同じ『政策』を重視していることがわかります。この第１位と第２位の合計が83.4％ですから、大部分の大人の投票基準は『政策』だと考えてよいでしょう。ただし、第３位の「人柄が信頼できそうだから」のように、『外見』という基準もあるようですね。

　さて、日本経済新聞のアンケートでは、政策、人柄などが選択基準と

Q7 大人はなにを基準に投票する人を決めているの？

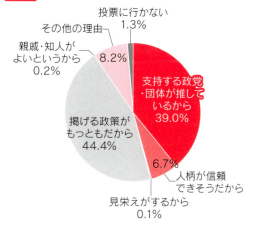

資料1 参院選では何を基準に投票先を決めますか

して選択肢にあげられていましたが，他に政党や候補者を選択する「基準」はあるでしょうか？　考えてみて下さい。

　先ほどの「基準」の他にも，「人物重視」「総合判断」「1点重視」「消去法」「身近さ」なども「投票基準として」あるようです。

（2）「大人の投票基準－その2－」

　毎週土曜日の朝にNHKで放送している「週間ニュース深読み」という番組を知っていますか？　2016年1月16日の放送は「18歳選挙権特集」でした。番組には，16～18歳の若者が10人出演しており，その若者たちと学者やNHKの記者などがいろいろ話をして「18歳選挙権」の議論を深めていきました。

　その中で若者から，「大人は，何を基準に投票しているの？」という質問が出ました。ちょうど街頭インタビューのVTRが放映されました。

60歳代女性：私は，この自分の年齢ですので年金と消費
　　　　　　税で決めます。

> 40歳代男性：選ぶときは政策。この国が最終的にどうなっていくのだろうか。どうやって安全保障をしていくのか，そういうことを考えて入れます。
>
> 20歳代男性：選ぶ基準は直感ですね。ハハハ…。候補者の清潔感だったり見た目ですね。政策は特にこだわりません。
>
> 60歳代男性：私の場合は好きな人，タレントに入れる。あるいは，嫌いな人が出たらその対立候補かな…。ちょっと純粋さに欠けますけど…。
>
>
> 70歳代女性：実をいうと選ぶのはなかなか難しいんです。選挙のときだけワーワー言ってきて困っちゃいますよね。

　このようなインタビューＶＴＲの放映のあと，司会のアナウンサーは，「若者の皆さんごめんなさい。大人もこんなもんです。」と頭を下げていました。

　このビデオに出てきた大人たちはちょっと極端かもしれませんが，このような基準で投票する人たちもたしかにいると思います（高校生の皆さん，このインタビューで大人たちに幻滅しないで下さいね）。しかし，いい加減に投票先を決めろというのではありませんが，逆に，このくらいの感覚の人もいるのだから，自分たちも**「投票先を決めるハードルを上げすぎないように注意しなくてはいけない」**と考えて下さい。

Q7 大人はなにを基準に投票する人を決めているの？

COLUMN　家族と一緒に投票所へ行こう!!

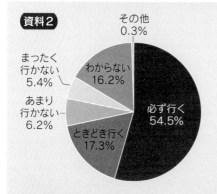

資料2

- その他 0.3%
- わからない 16.2%
- まったく行かない 5.4%
- あまり行かない 6.2%
- ときどき行く 17.3%
- 必ず行く 54.5%

資料3

- よくある 10.0%
- まったくない 17.6%
- ほとんどない 31.9%
- ときどきある 40.5%

宮崎県選管の高校生へのアンケートからもう少し考えてみましょう。

資料2は「あなたのご家族は，選挙の投票に行きますか？」との質問に対する回答です。「わからない」という回答は論外ですが，「あまり行かない」「まったく行かない」の合計は11.6%で，宮崎県のご家族の投票意識が高いことがわかります。それが高校生に伝わらないのは，子どもが小さいときに一緒に投票所に行かなかったからかもしれません。連れて行っていれば，投票はほんの10分程度で終わることを知り，18歳になってから選挙が「めんどくさい」などと感じないはずです。選挙管理委員会によっては，子ども連れの投票を認めないところもあると聞いていますが，小さいときからの経験も大事ですので，子どもを連れての投票を認めていくべきだと思います。同時に，「高校生が家族を連れて投票に行く」，または「家族が高校生を連れて投票に行く」ことが習慣となったら，全年代の投票率が上昇し，まさに「主権者教育」にとっては「一石二鳥」の効果が生まれると思います。是非皆さんは投票日当日，「みんなで選挙に行こうよ」と家族に提案して下さいね！　さらに友達を誘って選挙に行くこともお願いします！

資料3は「ご家族と，政治や社会問題について話すことがありますか？」という質問に対する回答です。「よくある」「ときどきある」の合計が50.5%で，「まったくない」「ほとんどない」と拮抗しています。この2つの資料から見ると，家族の投票意識は高いが，政治的な意識の共有はあまりなされていないようです。たしかに選挙には「秘密選挙」の原則がありますから，家族といえども誰に投票するか（どこの政党に投票するか）を話題にしにくいと思います。しかし，家庭内で政治的な話をする習慣を作らないと，学校など公的な場で政治的な話をする気持ちにもなれないでしょう。ですから皆さんは，テレビのニュースを見ながら，あるいは新聞を読みながら，「これはどんな意味？」「この政党の提案している政策は本当に実現するの？」などと家族に質問して下さい。その質問をきっかけにいろいろな社会問題を家庭内で話せるようになったら，政治や社会問題に関する知識も深まり，学校で友達と話しをする基礎も出来ていくと思います。

投票先はどのように選ぶのですか？

　高校生に「投票の時に困ること」を質問すると，「どのように投票先を決めればよいかわからない」が第1位でした。さて，今回はこのテーマを考えてみましょう。

（1）投票の時に困ることは？

　次の**資料**は，宮崎県選管の高校生へのアンケート結果です。**資料1**は，「投票の際に，困りそうなことは？（3つ以内で選択）」という問いへの回答です。

　第3位の「投票に行く時間がない」という回答に対しては，「期日前投票」の制度を利用すればよいのですし，第4位の「投票の仕方がわからない」に対しては，学校で「模擬選挙」を経験したり，まわりの大人に質問すればよいことですね。

　ここでは，第1位の「情報が少なく，誰に投票すればよいか判断できない」と，第2位の「投票したい候補者がいない」を考えてみましょう。

Q8 投票先はどのように選ぶのですか？

（2）どのように投票先を決めればよいの？

資料2は、「いろいろな政党がありますが、各政党がどのような考えを持っているか、知っていますか？」という問への回答です。

「だいたい知っている」「少しは知っている」を合わせると26.4％で、投票先を決めるときに大人が一番参考にしていた「政策」については、約4人に1人しか知識がないことがわかります。これでは、投票すると

資料1 投票の際に、困りそうなことは？（3つ以内で選択）

※1

	選択肢	回答人数	全生徒に占める割合
1	情報が少なく、誰に投票すればよいか判断できない	19,652	64.2％
2	投票したい候補者がいない	14,355	46.9％
4	投票に行く時間がない	5,818	19.0％
3	投票の仕方がわからない	5,152	16.8％
8	わからない	3,275	10.7％
7	特に困らない	2,500	8.2％
5	投票する場所が近くにない	2,322	7.6％
6	その他	1,298	4.2％
	有効回答計	54,372	

※1 アンケートに回答した全生徒（30,632人）に占める割合

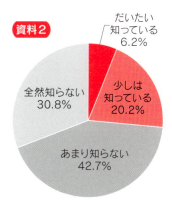

資料2

- だいたい知っている 6.2％
- 少しは知っている 20.2％
- あまり知らない 42.7％
- 全然知らない 30.8％

きに困るのは当然です。

さて、**あなたは投票先を決める際に、なにを参考にすると思いますか？ 出来るだけあげてみましょう。**

ここでもう一つ資料を見てみましょう。次の**資料3**は、「投票先を決める際に、どれを参考にしようと思いますか？（3つ以内で選択）」という問いへの回答です。

主に「政策」を知るための回答でしょうが、「候補者の演説」「選挙ポスター」などが並んでいます。しかし選挙の時、第1位の「候補者の演説」といっても、実は自分の住んでいる街にすべての候補者が演説に来てくれるわけではありません。すべての候補者の演説を聞こうと思うと、いろいろな場所に時間をかけて聞きに行く必要があります。第3位の「選挙ポスター」といっても、42cm×30cmのポスターには、候補者の顔写真と何行かのスローガンしか載っていないので、候補者の政策

資料3 投票先を決める際に、どれを参考にしようと思いますか？（3つ以内で選択）

※1

	選択肢	回答人数	全生徒に占める割合
7	候補者の演説	10,982	35.9%
10	テレビやラジオ等のニュース番組,新聞記事	9,502	31.0%
1	選挙ポスター	8,575	28.0%
11	家族や友だちの意見	6,927	22.6%
3	選挙公報	6,603	21.6%
6	政見放送（テレビ・ラジオ）	6,541	21.4%
2	選挙カー（選挙運動用自動車）	4,993	16.3%
13	わからない	3,468	11.3%
9	候補者のSNS(ツイッターやフェイスブック,LINEなど)	2,897	9.5%
8	候補者のホームページ,ブログ	2,330	7.6%
4	選挙運動用チラシやはがき	1,805	5.9%
12	その他	1,011	3.3%
	有効回答計	65,634	

※1 アンケートに回答した全生徒（30,632人）に占める割合

がすべて分かるとは思えません。第5位の「選挙公報」も紙面の大きさが限られているので，マニフェストの要約が多くて20行程度載っているだけで，政策の全体像や関連性は読みとりにくいと思います。第6位の「政見放送」もポスターや選挙公報よりはゆとりがありますが，時間の関係ですべての政策が説明されるわけではありません。第7位の「選挙カー」は，候補者名や政党名を連呼しているだけで，政策は全くといってよいほどわからないでしょう。

このように考えてくると，第2位の「テレビやラジオ等のニュース番組，新聞記事」が，「政策」の主要な入手先になりそうですが，メディア・リテラシーへの注意が必要です。では，どうしたら簡単に「政策」を知り，投票先を決められるのでしょうか？

上にあげたものの他に，**簡単に「政策」を知り，投票先を決められる方法はないでしょうか？**

ここではそのために利用したり，考えてみて欲しいことについていくつかご紹介します。

①選挙の公示日（選挙戦が始まる日）の夕刊に載っている「**各政党の党首の『第一声』**」を比較して決める。選挙戦がスタートした日の「第一声」は，その政党がこの選挙で一番訴えたいことを述べることが普通です。その「第一声」を新聞の夕刊は並べて載せていますので，各党の政策の違いが一番はっきりわかると思います。

②投票日が近くなると各紙が掲載する「**各政党のマニフェスト比較一覧表**」を比較して決める。新聞各社は，「経済政策」「財政政策」「社会保障政策」「子どもや教育問題」「外交政策」「防衛問題」などの項目を，各政党のマニフェストから政策を比較できるように一覧表を作成して載せます。その一覧表から，自分の興味がある政策テーマを2つ程度選び，各党の政策を読んで，自分の考えに近かったら「〇」を，考えに合わなかったら「✕」を付けていくのです。〇✕をつけ終わって，「〇」が一番多い政党が，とりあえずあなたが投票すべき政党の「第一候補」と考えて良いでしょう。

そんなに簡単に投票先を決めてよいのでしょうか？　と言われてしまいそうです。たしかにすべての政党の政策を理解して，比較してから選択するのがベストです。しかし，そこまで完璧に比較している人はほとんどいないと思います。皆さん高校生は，真面目に「すべての政党のマニフェストをキチンと理解して比較してから投票に行くべきだ」と考えているのでしょうが，大人でも「すべての政党の政策」と言われたらひるんでしまいます。ですから，「選挙ビギナー」の高校生は，2つ程度の政策比較で投票先を決めてよいのです。ただし，これからもっと勉強して比較する項目を3つ4つと増やしていって欲しいですし，選択した政党が，その政策を本当に実行しているのかチェックしていくと，次の選挙での比較が広がったり深まったりしていくと思います。

③「ボートマッチ（vote match）」という，選挙に関するインターネット・サービスがあります。これは，立候補者や政党に対して，選挙で争点となりそうな政策に関するアンケートに答えてもらい，それをデータベース化し，君たちがインターネットで同じアンケートに回答する事で，立候補者や政党との考え方の一致度を測定することができるというものです。例えば，あるボートマッチ上で「あなたは原発の再稼働に賛成ですか」との質問に，「YES」か「NO」かで答える。次に「あなたはＴＰＰ締結に賛成ですか」に答える。そうして20項目くらい答えると，「あなたは，○○党の政策の一致度△％。××党の政策の一致度□％…」などの結果が出てきます。手軽に，自分の興味と政党の政策をマッチングしてくれるものです。ただし，これが「絶対」と思ってはいけません。あくまでも参考程度に考えておき，マニフェストなどを使って自分で調べ，比較することが大事であることは理解しておいて下さい。

④以上の選択方法で，投票先が決まらないときは，究極の選択方法があります。かつて明治時代に活躍した論客の一人である福沢諭吉が「政治とは悪さ加減の選択」と辛口の発言をしたことがあります。

この発想から，各政党のマニフェストや新聞などのマニフェスト比較を見て，自分にとって「悪い政党」や「悪い政策」を次々排除していき，最後に残った政党に投票する，という方法があります。事実上の「消去法」ですね。ただし本来はマニフェストから自分の考えとあう点を比較して選択して欲しいと思います。

さて，「政策」を比較して，投票先を考えるいろいろな方法をお話ししました。参考になりましたか？　とにかく，皆さんは「選挙ビギナー」という気持ちでチャレンジしていきましょう。はじめは誰もが初心者です。回数を重ねていくと，だんだん慣れてくると思います。

（3）投票したいと思える立候補者がいないときはどうしたらよいのですか？

自分なりにいろいろ政策などを調べたが，「どの立候補者（政党）の言っていることもピンとこなかった」らどうしたらよいのでしょうか。まず，「投票の際に，自分にとって何を第1の価値基準とするか」が確立していないといけません。

基準は人それぞれでよいと思います。**資料4**は，「投票先を決める際

資料4 投票先を決める際に，重視することはなんですか？（3つ以内で選択）

※1

	選択肢	回答人数	全生徒に占める割合
1	政策や公約に共感できる，あるいは自分の考えに最も近い	21,677	70.8%
6	候補者の人柄	12,854	42.0%
3	政治家としてのこれまでの活動実績	10,964	35.8%
2	候補者が所属している政党	5,765	18.8%
9	わからない	3,776	12.3%
8	その他	1,441	4.7%
5	候補者の年齢	1,423	4.6%
4	候補者の見た目（かっこいい，など）	1,198	3.9%
7	候補者が有名人である	1,113	3.6%
	有効回答計	60,211	

※1 アンケートに回答した全生徒（30,632人）に占める割合

に，重視することはなんですか？（3つ以内で選択）」という問に対する回答です。

あなたは，どのような項目を重視して投票先を決めますか？　**資料4**を参考に3つまで決めて下さい。そして，各候補者（政党）のその項目を調べていきましょう！　そうすれば，はっきりした自分の基準で投票先を決めることが出来ると思います。

さて，では何を使って調べるかです。

質問です。**あなたは，どのメディアを使って政治や社会問題などのニュースを見聞きしますか？**

さて，**資料5**は，「どのメディアで，政治や社会問題などのニュースを見聞きしますか？（3つ以内で選択)」という問いに対する回答です。

テレビが圧倒的に多いのは予想がつきますが，インターネット（スマホ・タブレット端末等）（パソコン）が2位と4位に入っています。それにしても，新聞が24.9％と第3位で，約4人に1人しか利用していないというのはちょっと少ないと思います。もう少し新聞でじっくり政策などを比較して下さい。

この「どのメディアを利用しているか」と関連しますが，ポイント

資料5 どのメディアで，政治や社会問題などのニュースを見聞きしますか？（3つ以内で選択）

※1

	選択肢	回答人数	全生徒に占める割合
1	テレビ	26,360	86.1%
5	インターネット（スマホ・タブレット端末等）	17,565	57.3%
3	新聞	7,613	24.9%
4	インターネット（パソコン）	5,012	16.4%
2	ラジオ	1,822	5.9%
6	その他	993	3.2%
7	ニュース等を見ない	731	2.4%
	有効回答計	60,096	

※1 アンケートに回答した全生徒(30,632人)に占める割合

は、きちんと理解できているかが問題となります。

次の**資料6**は、「ニュース等を通じて、政治や社会問題が理解できていますか？」という問に対する回答です。

「理解できる」「少し理解できる」を合わせると68.3％となり、約3人に2人は「政治や社会問題が理解できている」と答えています。しかし、私の経験では「投票したいと思える立候補者がいない」と相談に来る高校生に、「立候補者（政党）の政策など、理解しているの？」と質問すると、だいたい「少し…」と口を濁します。この「**少し**」が怪しいのではないでしょうか？　つまり、テレビのコメンテーターの「ひと言コメント」やネット上の様々な意見などを見たり聞いたりして「なんとなく『少し』は理解できているつもり」でも、いざ投票先を選択しようとすると、そこまで理解が進んでいなかったことに気づいたのではないでしょうか？

ということは、「候補者（政党）などについて『勉強』を続ける」ことが答えになるはずです。そして、それでもわからないときは、先ほど示した「投票先の決め方」を参考にしたり、投票だけは参加して「白紙」票を投じてくることも考えられると思います。

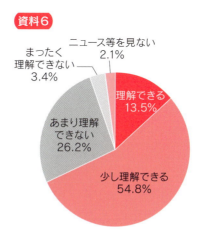

資料6

保護者に「○○党に入れて」と頼まれたらどうすればよいのですか？

　現実の選挙は,「組織票」と呼ばれる「必ずこの候補者に投票してくれるであろう人々の票」が,当選落選に大きく左右すると言われています。特に,投票率が低ければ低いほど,この組織票をしっかり確保している候補者が当選しやすくなります。
　さて,投票率が低ければ低いほど,組織票をしっかり確保している候補者が当選しやすくなる理由を考えてみましょう。
　いろいろな理由があるでしょうが,現実の選択では組織票を確保している候補者の方が当選しやすいため,地縁・血縁,会社のつながりなど,あらゆる手段を使って,票の確保（お願い）が行われているようです。そのため,18歳選挙権となって「新有権者」となった高校生に,保護者が特定の候補者への投票を頼んでくることがあるかもしれません。2015年の統一地方選挙では,ある村の村長選挙は「3票差」で当選者が決まりましたし,全国4つの市町村議会議員選挙では「同点」が出て,くじ引きで当選者が決まりました。そのような例を考えると保護者どころか,いろいろなところから投票の「お願い」がありそうですね,どうしたらよいのでしょうか？

Q9 保護者に「○○党に入れて」と頼まれたらどうすればよいのですか？

（１）投票の原則を再確認しましょう！

　そもそも，この保護者からの依頼は，どのようなときに，どのくらいの強さでお願いされたのでしょうか？　夕ご飯を食べながら，「そういえば，お前も今度選挙が出来る年齢になったんだね。ところで私は○○党を支持しているんだが，お前も賛同してくれないか？」と，このような雑談程度の依頼ならば，「投票を強要した」ことにはならないので「**セーフ**」だと思います。同様なことは，学校で友達とお昼ごはんを食べているとき，その友達に「俺は○○党に入れようと思うんだが，お前も支持してくれないか」と頼まれるのと同じでしょう。ところが保護者が，「この選挙で○○党に投票してくれないなら，来月からお小遣いはなしだ」とか，「私が支持している△△さんが当選しないと，私の会社への注文が激減して，会社が倒産してしまう。お願いだから絶対投票してくれ！」と経済状態まで口に出し始めたら，だんだん怪しくなります。

　近代以降の選挙の原則を，確認してみましょう。

①普通選挙：一定年齢に達したすべての成年者に選挙権を与える。
②平等選挙：すべての人の一票は，同等の価値で平等に扱う（一人一票）。さらに，人口と議員数との割合を選挙区間で均等にすべきであるという「投票価値の平等」も含まれる。
③秘密選挙：投票で不利益を受けぬよう投票内容を秘密にして，自由な投票を守る。
④直接選挙：選挙権を持つ有権者本人が直接，候補者に投票する。
⑤自由選挙：本人の自由意思で投票でき，棄権も認められる。選挙干渉，強制投票は認められない。また，投票に関して，公的にも私的にも責任を問われず，立候補と選挙運動の自由が保障される。

　この原則から，保護者からの強い依頼（強要）は「③秘密選挙」と「⑤自由選挙」に抵触する可能性があります。投票先の選択や選挙への参加などは，本人の自由な意思に基づいて行われるべきものです。強く

頼まれて困ってしまったら，保護者といえども，そのように頼まれても投票する意思がないことを毅然（きぜん）と伝えて断ることが重要です。それでも頼まれて困ってしまったら，学校の教員など家庭外の大人に相談して下さい。

（2）学校での注意事項はありますか？

　例えば，18歳の同級生から「今度，食事をおごるから」とか「宿題を代わりにやってあげるから」と言われ，「その代わり，次の選挙では〇〇さん（〇〇党）に投票してね」と言われたとします。このような場合はどうしたらよいのでしょうか？（以下，質問と回答は『私たちが拓く日本の未来』（総務省・文部科学省）より引用。一部筆者が加筆）

　上の例のように，同級生があなたに対して，特定の候補者を当選させる目的で「食事をおごってあげる」などのような飲食物の提供や，「宿題をやってあげる」などのような「労務の無償提供」などの財産上の利益（有権者の心を動かしうると認められる程度のものと解されています）の提供を申し出ることは，有権者であるあなたに対する「利益供与の申込み」にあたるので，選挙運動期間の内外を問わず「買収罪」に問われるおそれがあります。

　では，あなたが食事をおごってもらったり，宿題を代わりにしてもらったら，どうなるでしょうか？

　答えは，食事や宿題などの利益供与を受けた場合，あなた自身も買収罪に問われるおそれがあるのです。あくまで「常識」の範囲ですが，このような申し出はきっぱりと断ることが必要です。なお，あまりにもしつこい場合は，教員など大人に相談して下さい。

Q10 自分の一票で社会が変わると思えないのですが…。

　統一地方選挙のレベルでは，「数票」で当落が決まったり，獲得票が同数のため「くじ引き」で当選者が決まった例もあります。しかし，数十万票が動く国政選挙では，そのようなことはほとんどないでしょう。そうすると，「自分の一票は，当選落選に影響があるのか？」と感じてしまうことがあると思います。このような「自分の行動（投票）で何か（政治）が変わるという気持ち」を「有用感」と呼びます。その「有用感」を持てないという悩みですね。さて，このような悩みはどのように解決したらよいのでしょうか？　ここではその点を考えてみましょう！

（1）自分の生活にとって政治とは？

　まず，政治は自分の生活に影響を与えているかを確認してみましょう。次の**資料**は，宮崎県選管の高校生へのアンケート結果です。

　資料1は，「政治は，自分の生活に影響を及ぼしていると思いますか？」という質問に対する回答です。「大きな影響を及ぼしている」と「ある程度影響を及ぼしている」の合計が65.1％ですから，約3人に2人は「影響がある」と感じているようです。

この回答が「有用感」の前提になります。つまり，政治は自分の生活に影響を及ぼしている以上，「自分の一票」という小さな声でも「こうして欲しい」「このような政策をとってもらいたい」と主張することが必要なのではないでしょうか？

また，世界史などの学習を思い出してみて下さい。選挙権獲得の歴史的な経緯のなかでは，国の徴兵制度のもとで兵士として戦場に行くのなら，「我が国が，この戦争に参加するかしないかは自分たちで決めたい」と思うのは当然ですし，女性の社会的役割が大きくなったのならば，「私たちにも政治に対して，ひとこと言わせて欲しい」という気持ちになるのも当然です。このように，私たちがひと言「もの申す」場が選挙という場なのです。ですから「自分の一票では，社会や政治は変わらないかもしれないが，みんなの票を合わせると変わってくる」と思うことが必要なのです。

（2）私の一票の声は届くの？

それでも「私の一票が，選挙の場で有効か」と言われると，国政選挙では，影響力は確かに小さいと思います。ただし，ちょっと別の角度から政治を考えてみましょう。

さてあなたは，議員や首長（知事・市町村長）などの政治家に対し

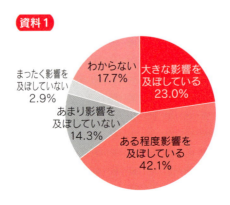

資料1

て，どのようなイメージを抱いていますか？ 5つくらいあげて下さい。

　資料2は，「議員や首長（知事・市町村長）などの政治家に対して，どのようなイメージを抱いていますか？（3つ以内で選択）」という問に対する回答です。

　注目して欲しいのは，高校生が政治家に持つイメージ第1位の「どんな活動をしているのかわからない」，第4位の「住民の声がなかなか届かない」，第8位の「いばっている」というイメージです。日本は間接民主制をとっていますね。他の仕事をしている私たちの代わりに，議員は政治という仕事を分担していたんでしたね。ですから，「どんなことをしているかわからない」とか，「声が届かない」ということはあってはならないことなのです。ましてや「いばって」いる政治家がいたらその人権感覚を疑ってしまいます。それこそ職業には貴賤がないのですから…。

資料2 議員や首長（知事・市町村長）などの政治家に対して，どのようなイメージを抱いていますか？（3つ以内で選択）

※1

	選択肢	回答人数	全生徒に占める割合
7	どんな活動をしているのかわからない	14,908	48.7%
1	住民のためにがんばっている	9,682	31.6%
5	忙しそう	9,240	30.2%
9	住民の声がなかなか届かない	8,871	29.0%
10	信用できない	6,520	21.3%
4	お金持ちになれる	3,876	12.7%
2	リーダーシップがある	3,640	11.9%
8	いばっている	3,377	11.0%
3	信頼できる	2,309	7.5%
11	その他	2,176	7.1%
6	判断力がすぐれている	2,152	7.0%
	有効回答計	66,751	

※1 アンケートに回答した全生徒（30,632人）に占める割合

では，どうしたらそのような態度を改めさせられるのでしょうか？

要は「**高校生の方を向かせればよい**」のです。

高校生の方を向かせるためには「私たちの方を向かないと損をしてしまう（落選してしまう）よ!!」ということを示すことです。そうです！ズバリ高校生（若者）たちが投票に行けばよいのです。

しかし少子高齢化で若者の人数は少ないので，高校生の方に向かせるのは難しいのが現実です。2016年3月の日本の人口（概算値）は，20歳代は「1268万人」，60歳代は「1836万人」でした。60歳代の人口は，20歳代の人口の「1.45倍」です!!　この少子高齢化の怖い点は，若年層は年々減るのに対し，高齢者は年々増えることです。さらに，2014年の衆議院総選挙の投票率は，20歳代が32.58%，60歳代が68.28%でした。

さて，20歳代と60歳代の投票数を計算して下さい。

答えは，20歳代が約389万票，60歳代が約1254万票でした。さて，あなたが立候補者だとしたら，20歳代，60歳代，どちらに時間をかけて会いに行ったり，政策を説明しに行きますか？　また，若者向け，お年寄り向け，どちらの政策を提案しますか？　当然お年寄りに向かいますよね。このような理由で高校生の前に政治家たちが現れないので「何をしているかわからない」し，若者の「声が届かない」のです。

さて，では政治家たちに若者の方を向かせるためにはどのような方法が考えられるでしょうか？

そうですね。若者の投票率を上げることです。そうすれば（当選するためにも），政治家たちは若者の方を向くはずです。え？　少子高齢化のため，人数の多いお年寄りに対しては「多勢に無勢」ですって？　そう，**だから18歳と19歳に20歳代の応援に入ってもらうのです!!**

さて，20歳代に，18歳と19歳の約240万人が加勢に入り，60歳代と同じ68.28%の投票率になったら，若者の総投票数は何万票になると思いますか？

答えは，約1030万票です。まだ60歳代の約1200万票に負けていま

すが、この接近した数字を見ると政治家たちは若者の力を無視することは出来なくなるはずです。そうすれば若者向けの政策、例えば「高校授業料の無償化」「給付型奨学金の増額」「若者向け就業対策」「ブラックバイトの根絶」などが提案され、実現していくことになるのです。

結論です。たしかにあなたの一票の影響力は小さいかもしれませんが、高校生も含めた若者が投票に行き、「数の論理」が働くと、大きな発言力となっていくのです。このように考えると、あなたの一票の「有用感」は確実に上がると思います。

COLUMN 子どもの貧困－教育格差－

皆さんは「子どもの貧困率」という言葉を聞いたことがありますか？　そもそも「貧困率」とは、世帯収入から国民一人ひとりの所得を試算して順番に並べたとき、真ん中の人の所得の半分（貧困線）に届かない人の割合を指します。ですから「子どもの貧困率」とは、18歳未満で、この貧困線を下回る人の割合を指しています。厚生労働省の調査によると、子どもの貧困率は1985年は10.9％でしたが、2012年は過去最悪の16.3％となり、およそ6人に1人が貧困という結果となっています。少し数字を見てみましょう。

資料3は、先進国（OECD）の「子どもの貧困率」の国際比較です。日本は34か国中下から10位です。この結果を見て、日本は「経済大国」と言えないのがわかります。

資料3 子どもの貧困率の国際比較（OECD諸国）

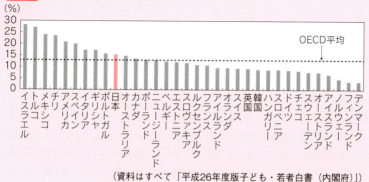

（資料はすべて「平成26年度版子ども・若者白書（内閣府）」）

資料4は,「子どもの貧困率」の推移です。ご覧のように年々上昇し, 2009年現在は16.0%, つまり6人に1人の子どもが「貧困」となっています。
　また,**資料5**は,「子どもがいる世帯の貧困率」です。子どもがいる現役世帯の相対的貧困率は14.6%ですが, そのうち, 大人が1人の世帯（つまり,「シングルマザー」や「シングルファザー」の家庭）の相対的貧困率が50.8%と, 2世帯に1世帯以上となっていて, 大人が2人以上いる世帯に比べて非常に高い水準となっていることがわかります。
　資料6は,「小学生・中学生に対する就学援助の状況」です。「就学援助」とは,「公立の小中学校に通う児童・生徒で経済的理由から就学費用を負担できない者に, 給食費・学用品費・修学旅行費などを援助する制度。学校教育法（第19条）に基づく。生活保護家庭のほか, 市町村が独自に基準を設けて援助している」（大辞泉）ものです。小学1年生の場合, 年額10万円程度といわれています。見てのとおり, 就学援助を受けている小学生・中学生の割合も上昇し続けています。
　また, 経済学者などによる分析によると, 1985年から2012年にかけ, 格差はさらに拡大しています。標準となる「真ん中の所得」が約177万円（1985年）から211万円（2012年）に上がったのに対し, 最貧困層の所得は90万円（1985年）から84万円（2012年）に下がったためです。
　これらの**資料**からわかるように, 子どもの貧困や大人を含めた所得格差は年々拡大しているのです。この現状を止める政策を実現させるためにも「小さな一票」の積み重ねが必要だと思います。
　もう一点注意を促したいことがあります。以上のような「子どもの貧困」は,「格差の連鎖」を招く可能性が大きいことです。具体的には,「就学援助」を受け

資料4 日本における貧困率の推移

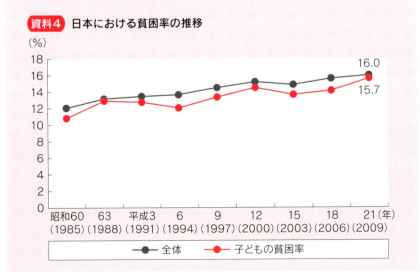

Q10 自分の一票で社会が変わると思えないのですが…。

ている児童生徒と受けていない児童生徒との「学力調査」の平均点に差があったり，両親の収入が高いほど4年制大学への進学率が高くなるため，（一般論として，4年生大学からの就職者の方が賃金が高いので）経済的格差は負のスパイラルになる可能性が大きいのです。

　資料7は，「親の収入と高校卒業後の進路」との関係です。「4年生大学の進学率」と「親の収入」との**反比例関係**は，一目瞭然ですね。つまり高収入の家庭程では，

　　親の収入が高い→4年生大学に進学できる→高収入の職業に就きやすい→子ど

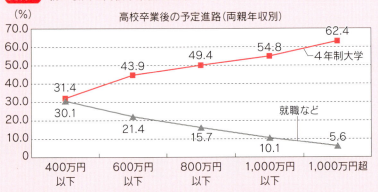

資料7　親の収入と高校卒業後の進路

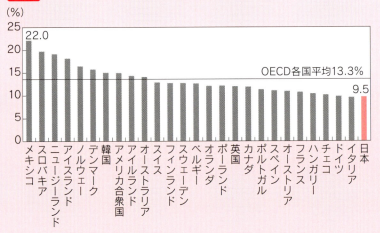

資料8　一般政府総支出に占める公財政教育支出の割合

Q10 自分の一票で社会が変わると思えないのですが…。

> もに4年生大学に進学させられる→…，
> という「正（プラス）の連鎖」がおき，収入の少ない家庭では逆に「負（マイナス）の連鎖」がおきやすいことになります。
> では，この「教育格差の連鎖」の対策を国が行っているかというと，**資料8**からわかるように，近年の経済的不況に伴う歳入不足と，法人税率や相続税関係の減税などによる国庫収入の赤字体質を受けて，財政に占める教育費の割合は先進国（OECD）で最低となっています。
> これでは，経済的に困窮している児童生徒に，十分な教育を施せず「教育格差の連鎖」は止められないですね。
> さて，このような現状を変える政策を議員たちに提案させるのも，当事者である「若者の一票」からなのです。

（3）でも政治家は信用できないし…。

先ほどの**資料2**をもう一度見て下さい。第5位の「信用できない」と第6位の「お金持ちになれる」に注目したいと思います。高校生に政治家の，お金に関するイメージを聞くと，「ダーティ」「私利私欲」「賄賂」などネガティブな回答が大半でした。なぜそのようなイメージになってしまうのでしょうか？　その主要な理由が，やはり「投票率」なのです。

日本の投票率は（70歳代を除いて），全年代下がり続けています。さて，皆さんが立候補者ならば，このような現実のなかで，どのように当選しようと（どのように票を集めようと）しますか？

そうですね。必ず私に投票してくれる人たちを見つけたり組織化することですね。そのような人たちの票を「組織票」と言います。このような組織票を集めて当選させてくれる人たちや団体に対して，私はどのようにお礼をしたらよいのでしょうか？　例えば，建設業界に「票のとりまとめ」をお願いしたとします。そうすると当然，当選した議員などは「建設業界向けの政策立案やその実現」に力を入れるでしょう。次回当選したかったら，同じような政策に力を入れ続けることになります。このような動きに「政治献金」などが絡んでくると，高校生にとって政治家のイメージはネガティブになっていくは当然です。

この説明でも投票率が重要なポイントになっていることわかりましたか？　そうなのです。繰り返しになりますが，確かにあなたの一票の影響力は小さいかもしれませんが，高校生をはじめ国民全体が投票に行き，投票率が上がると，「組織票」という小さな声はかき消されていくのです。このように考えると，あなたの一票の「有用感」は確実にあがると思います。

COLUMN　政治にお金は必要か？

　若者を中心に，お金に関する政治家のイメージはネガティブですが，そもそも，政治にお金はどのくらいかかるのでしょうか？

　まず，例えば国会議員の収入です（2014年12月現在）。議員一人あたり，いわゆる「月給」約130万円，文書通信交通滞在費100万円，会派補助（立法事務費）65万円，年間の期末手当合計約580万円で合計4100万円ほどの年間収入があります。また，いわゆる政党助成金が所属政党に支給されており，これは議員一人あたり約4400万円です（この他，お金ではありませんが，議員会館・議員宿舎・公用車などが用意されていますし，ＪＲ無料パス又は航空券，秘書3名（第一秘書，第二秘書と政策秘書）の給料なども出してもらえます）。ですから，総合計すると，議員一人あたり1億5000万円くらいの費用がかかっている計算です。

　この額を見ると「えーー!!」という声が聞こえてきますが，支出も相当かかります。例えば，立候補している地元と東京に，月20万円の家賃で，事務所を借ります（合計年間480万円，以下同じ）。秘書3人では手が足りませんので，地元と東京の事務所，議員会館にそれぞれ3人ずつの私設秘書計9人を年間600万円の給料で雇います（5400万円）。その事務所の光熱費，事務費などが全部で300万円かかります。2〜3年に1回ある選挙といえば，お手伝いの方への交通費や謝金，ポスターやチラシ代，電話代，選挙カーの借り入れ費用…，いったいいくらかかるのでしょうか？

　ということで，不明朗なお金は絶対許せませんが，「政治は，ある程度のお金がかかる」ということは理解できるでしょう。

Q10 自分の一票で社会が変わると思えないのですが…。

COLUMN 日本の若者の有用感

　日本の若者が持つ政治への「有用感」は，他国と比べて低いのでしょうか。内閣府の調査によると（資料９），「私個人の力では政府の決定に影響を与えられない」と「有用感を持てない」と答えた日本の若者は61.2％でした。

　この数字は，大統領を事実上選出できるアメリカの48.8％とは大きな差があるにせよ，ドイツの62.0％，イギリスの61.7％やフランスの62.1％と大差ありません。皆さんは自分の一票について，もっと自信を持つべきなのではないでしょうか。

資料９ 私個人の力では政府の決定に影響を与えられない

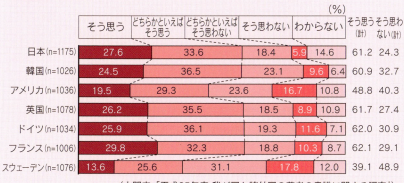

	そう思う	どちらかといえばそう思う	どちらかといえばそう思わない	そう思わない	わからない	そう思う（計）	そう思わない（計）
日本 (n=1175)	27.6	33.6	18.4	5.9	14.6	61.2	24.3
韓国 (n=1026)	24.5	36.5	23.1	9.6	6.4	60.9	32.7
アメリカ (n=1036)	19.5	29.3	23.6	16.7	10.8	48.8	40.3
英国 (n=1078)	26.2	35.5	18.5	8.9	10.9	61.7	27.4
ドイツ (n=1034)	25.9	36.1	19.3	11.6	7.1	62.0	30.9
フランス (n=1006)	29.8	32.3	18.8	10.3	8.7	62.1	29.1
スウェーデン (n=1076)	13.6	25.6	31.1	17.8	12.0	39.1	48.9

（内閣府「平成25年度 我が国と諸外国の若者の意識に関する調査」）

Q11 高校生が出来る「選挙運動」や「政治活動」はどのようなものですか？

　「18歳選挙権」になりました。これからはドンドン有権者として選挙に関与したり，政治活動を行ったりして下さい，と高校などでお話しするのですが，「選挙運動ってどんなことが出来るの？」「選挙運動と政治活動の違いってなに？」「法律に違反するとどうなってしまうの？」などの質問を受けます。ここではそれらの質問に答えたいと思います。

（1）法律などの規定はどうなっているの？

　ここでは，高校生が出来る「選挙運動」や「政治活動」について，法律や文部科学省の通知などを使いながら説明していきましょう。ただし，やや難しい文書や言葉のオンパレードなので，ここは飛ばしてもかまいません。

　まず確認ですが，高校生の政治活動に関しては，「70年安保闘争」の真っ最中に，「高等学校における政治的教養と政治的活動について」（1969年10月31日付け文初高第483号）が当時の文部省から通達されました。

　「教育基本法（旧法）第17条第1項に規定する『良識ある公民たるに

Q11 高校生が出来る「選挙運動」や「政治活動」はどのようなものですか？

必要な政治的教養は，教育上これを尊重しなければならない。』ということは，国家・社会の有為な形成者として必要な資質の育成を目的とする学校教育においても，当然要請されていることであり，日本国憲法のもとにおける議会制民主主義を尊重し，推進しようとする国民を育成するにあたつて欠くことのできないものである」が，「政治的教養の教育は，**生徒が，一般に成人とは異なつて，選挙権などの参政権を制限**されて」いるため，「高等学校における政治的教養の教育を行なうにあたつては，次のような基本的な事がらについてじゆうぶん配慮する必要がある」とし，具体的に，「生徒の政治的活動を規制することについて」のうち，

「（2）　生徒が**学校内に政治的な団体や組織を結成することや，放課後，休日等においても学校の構内で政治的な文書の掲示や配布，集会の開催などの政治的活動を行なうことは，教育上望ましくない**ばかりでなく，特に，教育の場が政治的に中立であることが要請されていること，他の生徒に与える影響および学校施設の管理の面等から，教育に支障があるので学校がこれを制限，禁止するのは当然であること」

をあげています（文部科学省ＨＰ。太字は筆者。以下同）。

　さて，この通知を読まれて，どのような感想を持ったでしょうか？「当たり前のことを書いている」「いや，結構厳しいなあ…」といろいろな感想を持ってと思います。

　2015年6月の公職選挙法の改正に伴い「18歳選挙権」が実現し，1969年通知の根拠となる「**成人とは異なつて，選挙権などの参政権を制限**」されているとの前提が変わったため，この通知を廃止し，新たな通知が文科省から出されました（2015年10月29日）。その通知では（以下（　）内は筆者），「習得した知識を活用し，主体的な選択・判断を行い，他者と協働しながら様々な課題を解決していくという国家・社会の形成者としての資質や能力を育むことが，一層期待（されている）」。（中略）公選法等の改正は，「若い人々の意見を，現在と未来の我が国の

在り方を決める政治に反映させていくことが望ましいという意図に基づくものであり，今後は，高等学校等の生徒が，国家・社会の形成に主体的に参画していくことがより一層期待」されているとしながらも，他方，学校や教員の政治的中立性に留意することや，政治的教養の教育において具体的な政治的事象を扱うことと，生徒が具体的な政治的活動等を行うことは区別することが必要としています。その延長線上として，高校生の政治活動などに関しては，高等学校等が教育を目的とする施設であること等を踏まえると，高校生の政治的活動等は必要かつ合理的な範囲内で制約を受けることになります。

› **学校が教育活動の場であることを前提として，生徒がその目的を逸脱して，利用し政治的活動等を行うことは**，教育基本法（現行法）第14条第2項に基づき，政治的中立性の確保の観点から禁止することが必要（である）。

› 放課後や休日等であっても，**学校の構内**においては，学校施設の物的管理の上での支障等が生じないよう，制限又は禁止することが必要（である）。

› 放課後や休日等に，**学校の構外で行われる政治的活動等については**，違法なもの等は制限又は禁止されるほか，学業や生活に支障があると認められる場合などは，これによる当該生徒や他の生徒の学業等への支障の状況に応じ，必要かつ合理的な範囲内で制限又は禁止することを含め，**適切に指導を行うことが求められる**。（文科省ＨＰ）としています。

　この「2015年10月29日」の通知に関しては，「高校生の政治活動の範囲が広がった」と歓迎する意見がある反面，「1969年通知とほとんど変わらない」とする意見もあります。時間のあるときに，是非全文を読んでもらいたいと思います。いろいろなことに気づくと思います。

（2）「選挙運動」と「政治活動」を分けて考えよう！

　さて，「選挙運動」と「政治活動」はどこが違うのか，まず区別する

ところから始めましょう。

選挙運動とは「特定の選挙について，特定の候補者の当選を目的として，投票を得又は得させるために直接又は間接に必要かつ有利な行為」とされています。選挙運動は，選挙運動期間（選挙戦が始まった日から投票日の前日まで）にしか行うことができません。また，満18歳未満の者は選挙運動を行うことはできず，誰であっても，満18歳未満の者を使用して選挙運動をすることはできません。

次に政治活動とは，一般的に「政治上の主義もしくは施策を推進し，支持し，もしくはこれに反対し，又は公職の候補者を推薦し，支持し，もしくはこれに反対することを目的として行う直接間接の一切の行為をさす」とされています。この政治活動は，広く国民に保障された権利であり，「18歳未満」「18歳以上」のような年齢に制限されることなく行うことが出来ます。ただしこの政治活動の中には，ある候補者を推薦したり，支持したりするという選挙運動も含まれます。そのような立候補者への支援活動などを選挙期間中に行うと，選挙運動になることに注意が必要です。そのため，公職選挙法上の政治活動とは，「上述の広義の政治活動の中から，選挙運動になる行為を除いた一切の行為」ということになります。

ややこしいですね…。簡単に言い換えると，選挙期間中に行う「政治活動」は，選挙運動になるので注意して下さい，ということです。

以上の説明で，選挙運動と政治活動は区別出来るようになりましたか？

（3）高校生は政治活動をしてよいの？

さて，「高校生は政治活動をしてよいの？」への答えは**「高校生の政治活動は，（法律に反しない範囲で）してよい」**のです。

文科省が出した「2015年10月29日の通知」は，「これまで通り，高校生の政治活動等をかなり厳しく制限している」との評価も受けています。しかし，じっくり読んでみると，「高校生の政治活動」等は，「暴力

的なもの，違法若しくは暴力的な政治的活動等」「学業や生活などに支障がある」「他の生徒の学業や生活などに支障がある」「生徒間における政治的対立が生じる」ときは「**制限又は禁止**」すると書いてあるだけなのです。つまり，政治活動は全国民に保障されているので行ってよいのですが，（当たり前ですが）「違法なもの」は「**ダメ**」，他の生徒に迷惑になることは「**ダメ**」であることを確認しているに過ぎないのです。ということは，違法なことをしなければ，満18歳以上の生徒が選挙運動をできるようになったことに伴い，高等学校等は，これを**尊重すること**になるのです。通知には「法律に反しない範囲で」などの表記が多いため，本当に「おどろおどろしい」通知になっていますが，一度「法律に反しない範囲で」とか，「暴力的な行為にならないように」などの言葉を消して読んでもらえると趣旨が理解できると思います。

　このように「おどろおどろしい言葉を取り除いて」すっきりとしてからこの通知を読むと，この通知は「授業中は，✕または△」「休み時間や放課後は，△」「学校外は，〇」であると要約することが出来ます。具体的には，「政治・経済の授業で，各党のマニフェストを比較して政治的リテラシーを学ぶ」のは当然「〇」ですが（授業における「中立性」に注意する意味で上で「△」にしました），その授業中に「ある生徒が突然立ち上がり，『私は〇〇党の支持者なので，ちょっと党の政策を宣伝させてくれ』と演説を始める」のは「✕」でしょう。また，お昼ご飯を食べながら，高校生が「俺は次の選挙で△△党に入れようと思うんだが，お前どう思う」との発言は（強引な勧誘でなければ，との留保がつくため「〇」にしたいのですが）「△」でしょう。さらに，校外に出たら「主権者」ですから，政治活動や選挙運動は「〇」なのは当たり前です。

いままでの説明を，**資料1**にまとめてみます。

　さてお話しが長くなりましたが，ここまでの説明で，みなさんにはそれぞれの場面で「〇」「△」「✕」を理解していただくことが必要だということがわかってもらえたと思います。

Q11 高校生が出来る「選挙運動」や「政治活動」はどのようなものですか？

資料1 高校生の政治活動

	活動してよいか
授業中	✕または△
休み時間・昼休み	△
学校外・休日	○

さて，具体的にどのような政治活動をしてはいけないかというと，例えば

①○○党のために活動をしているという人から，同級生（同じ部活動に属する部員）の連絡先一覧を渡すように言われました。渡してしまってよいものでしょうか。

（回答）そもそも名簿は，緊急連絡等のために作成・配布されているものであり，政治活動や選挙運動のために他人に譲り渡すことを目的としているのではありません。また名簿を譲り渡すことで，他の生徒に損害等が生じるおそれもあります。このため，名簿に記載されている他の生徒に無断で，名簿を譲り渡すことは認められていません。

②同級生から○○党の演説会に出るよう強く誘われて困っています。こういうことは認められるのですか。

（回答）演説会への参加などは，本人の自由な意思に基づいて行われるべきものであり，強く誘われ困っている場合は，まずは，誘ってくる人に対し，そのような集会に参加する意思がないことを伝えはっきり参加を断ることが重要です。それでも勧誘がやまない場合は，先生など大人に相談して下さい。

などが例としてあげられています（『私たちが拓く日本の未来』総務省・文部科学省より引用，一部改）。

とにかく，「ちょっと嫌だなあ…」と思ったときは，**担任の先生や身近な大人に必ず相談して下さい。**

（4）高校生は選挙運動をしてよいの？

　まず確認ですが，「18歳選挙権」が実現して，「**有権者として君たちが『選挙運動』が出来るようになった**」ことが非常に重要なことなのです。ただし，その権利を行使するときに「次のような注意事項がある」ので注意して下さい，という順番で考えて下さい。

　さて，一般的に選挙運動については，「高校生だから」というわけではなく，公職選挙法上，様々な制限があります。それらの中で，みなさんに理解してもらいたい要点を説明していきたいと思います。特に重要だと考えられる部分はゴチックにしてあります。

①選挙運動と政治活動

　　まず，前にも書きましたが「選挙運動」と「政治活動」の違いを理解して下さい。

> A．選挙運動：「特定の選挙について，特定の候補者の当選を目的として，投票を得又は得させるために直接又は間接に必要かつ有利な行為」と定義されています。

　　注意点

　　　a．選挙運動は，選挙運動期間，具体的には「選挙の公示日」などから「投票日の前日まで」にしか行うことができません。

　　→ですから，「選挙の公示日」〜「投票日の前日まで」以外の期間は（例えば，内閣総理大臣が「解散する」と発言しても，まだ選挙期間は始まっていないので）他の大人と同様に，**18歳の高校生でも選挙運動をしてはいけません。**

　　　b．満18歳未満の人は選挙運動を行うことはできません。また，立候補者などは，満18歳未満の人を使って選挙運動をしてはいけません。

　　→ですから，**17歳以下の高校生は選挙運動は出来ませんし，選挙運動を手伝ってはいけません。当然，政党のチラシなど**

Q11 高校生が出来る「選挙運動」や「政治活動」はどのようなものですか？

　　　を配るアルバイトなども出来ません。
　　c．公職選挙法では，その他選挙運動について様々な制限があり，注意が必要です。

> **B．政治活動**：一般的には，「政治上の主義もしくは施策を推進し，支持し，もしくはこれに反対し，又は公職の候補者を推薦し，支持し，もしくはこれに反対することを目的として行う直接間接の一切の行為をさす」と定義されています。

　注意点
　　a．一般的な「政治活動」は，日本国憲法上，全国民に保障されていますから，当たり前ですが**年齢に関係なく行うことが出来ます**。
　　b．ただし，上記「A．b．」で説明したように，**選挙期間中は18歳未満の選挙運動は出来ません**。

②選挙運動上の注意
　18歳以上の高校生は選挙運動が出来るといっても，公職選挙法上，いろいろ注意が必要です。以下，いくつか重要なポイントをあげておきます。

> **A．インターネットなどの利用**：選挙運動期間内は，18歳以上の人であれば，ホームページ，ツイッター，フェイスブック，ＬＩＮＥなどのウェブサイト等を利用する方法による選挙運動を行うことができます。

　注意点
　　a．ウェブサイト等を利用する方法による選挙運動を行う場合，**電子メールアドレスなどを表示**しなくてはなりません。
　　b．選挙運動の投稿をツイッターでリツイートしたり，フェイスブックでシェアすること，フェイスブックで「いいね！」をすることはできます。

c．**電子メールを利用する選挙運動は，候補者や政党等のみに**限られています。
　　d．候補者や政党等から来た選挙運動のための**電子メールを他の人に転送してはいけません。**

　このインターネットなどを利用する選挙運動については，ネット世代の高校生は十分注意する必要があるでしょう。総務省ホームページには，わかりやすくまとめたチラシがありますので，詳しくは下記を参照して下さい。

http://www.soumu.go.jp/main_content/000225177.pdf

> B．その他，禁止されている選挙運動（ただし，「常識の範囲」だと思いますので，よくあるものだけ列挙します）。

注意点

　　a．買収：友達に「今度，食事をおごるから」とか「宿題を代わりにやってあげるから」と言われて，「その代わり，次の選挙では○○さん（○○党）に投票してね」と言われて「うん」と言ってしまうことは「**ダメ**」です。
　　b．署名運動：特定の候補者に投票をするように，あるいは投票しないようにすることを目的として，広場や店先で署名を集めてはいけません。
　　c．飲食物の提供：選挙運動に関して飲食物を提供されてはいけません。ただし，お茶や通常用いられる程度のお茶菓子や果物は大丈夫です。また，選挙運動員に渡す一定の数の弁当を受け取ることはできるとされています。

　いやはや，本当に公職選挙法は，「ダメダメ集」なのです。法律で「これは違反」と制限をかけると，新しい手口で「よろしくない選挙運動」を行う人が出てきて，またそれを公職選挙法で禁止する…，といういたちごっこで「ダメダメ」が増えてきたという歴史なのです。

第3編

実践教材　明日への授業

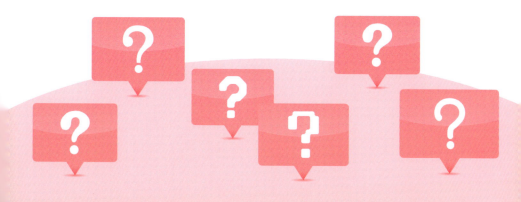

第3編の使い方

　第3編は，「狭義」の主権者教育の「教材」を3種類提案しています。学校に合った教材として編集・改良していただきご活用下さい。

（1）教材1

　最初の教材は，第1編で若者が棄権する原因の**課題2**（→27ページ）として指摘した，「どのように投票先を決めたらよいか分からない」対策で，清水書院で発行した「ワークシート」を使った授業です。ワークシートは，「清水書院」「主権者教育」「ワークシート」で検索出来ます。

　この教材は，「1時間完結型」の授業で，総合的な学習の時間やホームルームなどで，どの教科の先生でも実践できるようなものとして作成しました。私はこれまで，この教材で10回ほど授業を行ってきましたが，高校生には概ね好評でした。また，学年集会でも利用出来ました。

　授業はワークシート通りに，3人の高校生に前に出て台詞を読んでもらいながら，授業者が適宜補足したり，生徒に質問したりして進めていく形式です。学校や授業者の都合で，「補足部分」は減らしても構いません。色太線で囲った部分が「ワークシート」の部分です。資料はパワーポイントで提示することを想定しています。**資料1**は教科書から，**資料2～4**は宮崎県選挙管理委員会のホームページから引用して下さい。「宮崎県選管」「高校生」「アンケート」で検索出来ます。

　ここで提案した授業案は，質問や解説などが入っているのでワークシートより時間がかかります。そのため，ワークシートの7ページをカットしてあります。質問や解説を少なくして7ページに進むパターンでも1時間で完結します。

（2）教材2

　次の教材は，第1編で**課題3**（→27ページ）として指摘した，「私の1票で，政治や社会は変わるとは思えない」＝「有用感」対策で，「選挙に行かないと損をしてしまう」という授業です。教材1と重複する部分がありますが，それぞれ単独で授業することを想定してありますので，あえて重複させたままになっています。

　この教材は，クラス単位で行い，また，質問や資料などはパワーポイントで示すことを想定しています。パワーポイントで示す内容はスライドの囲みにまとめてありますので，参考にしながら学校に合わせて編集して下さい。

　また，この教材は「1時間完結」で行うことが出来ますが，この教材から発展して，「政治・経済」や「現代社会」の授業で数字などを解説したり，考えさせたりすることが出来ます。いろいろ発展させていただければと思います。

（3）教材3

　最後の教材は，特別支援学校での授業を想定した授業案です。特別支援学校に勤務している元同僚のアドバイスを受けながら作成しました。「1時間完結型」の教材で，クラス単位でも利用出来ますが，学年集会や全校集会で利用する方が効果的だと思います。また，出来れば保護者の方も参加していただくと，保護者の方にとっても実際の選挙の際の参考になると思います。

明日への授業 LIVE

1．政策を比較して投票先を決めよう！
（清水書院の「ワークシート」を使用した授業）

　第1編，第2編で説明したとおり，高校生が投票の際に困ることの上位に「どのように投票先を決めたらよいか分からない」がありました。その「投票基準」づくりに関しては，「副教材」の模擬選挙（「副教材」62〜71ページ）で扱っていますが，やや漠然としているため，実際授業を行ったところ，高校生はかなり戸惑ってしまいました。そのため，副教材を具体的に使いやすくしたものがこの教材です。

授業のコンセプト

（1）授業の目標

　高校生が棄権の理由にあげたり，投票の際に困ることにあげている「どのように投票先を決めたらよいかわからない」という気持ち＝「選挙に対して感じているハードル」を引き下げることが目標です。その意味で，「狭義」の主権者教育の教材です。

（2）教材について

① ほとんどの高校で実践できる内容です。ただし，「ワークシート」5ページの「政党のマニフェスト要約」は，学校に合わせて，生徒がわかりやすいように書き直して利用してください。

② 公民科の授業でも，LHRや総合的な学習の時間でも，実践できるよう作成してあります。また基本的に，「1時間完結型」の教材として作成してあります。

③ 3人の生徒に台詞を読ませて進みますが，学校に合わせて適宜，内容を足したり減らして実践してください。

④ 最終的に，「大人でも比較する政策は多くて3〜4でしかない」ことを示し，生徒たちの「心理的ハードル」＝「選挙は難しい」を下げてください。

1．政策を比較して投票先を決めよう！（清水書院の「ワークシート」を使用した授業）

（3）外部との連携
①この授業を公開授業で行う場合は，生徒が各党の政策に「○」「×」をつけている時間に，見学の先生方に机間巡視に入ってもらい，生徒たちからの質問に答えてもらうと効果的です。またT・Tもよいと思います。
②公開授業の場合は，見学の先生方に「前回の選挙の際，いくつくらいの政策を比較しましたか？」と質問して手をあげてもらい，「大人も多くて3～4なんだな」ということを生徒に示すとさらに効果的に生徒の心理的ハードルは下がります。

授業案

[先生] さて皆さん，2015年に「18歳選挙権」になったことは知っていますね？ 「なぜ18歳になったんだろう？」とか，「めんどくさいな」とか，「私の一票で政治って変わるの？」とか，いろいろ疑問などを持ったと思います。今日の授業では，そうした高校生の持つ疑問の一つ，「どうやって投票先を選んだらよいのだろう？」を，配付してある「ワークシート」を使って考えてみたいと思います。授業では，いま前に座っている3人に「先生役」「生徒役」でお手伝いしてもらいます。では授業を始めましょう。

　まず質問です。「選挙」ってなんでしょうか？ 「選挙」はなんのためにあるのでしょうか？ 何人かの人に答えてもらいましょう。

【生徒1】選挙権を持った国民が代表者を決めること

【生徒2】これからの日本をみんなで考える…など

[先生] なるほど！ 私は選挙のことをよく「私たちの将来を決めること」だと説明しています。まず，このことについて考えていきましょう。なぜ選挙は「将来」を決めるのでしょうか。

　例えば，衆議院選挙や参議院選挙という国レベルの選挙は，大体2年半に1回あるといわれています。私たちの一票で，国会議

員がきまり，授業で習ったようにその国会議員の中から内閣総理大臣が選ばれるのです。つまり，私たちが選んだ議員たちが，約２年半，法律を作り，予算を決め，外交政策を決めていくのです。まさしく「この一票が，これからの２年半を決める」ことになりますよね。

さてまた質問です。国会議員や内閣総理大臣が，法律を作り，予算を決め，外交政策を決めていくのですが，私たちに何かしら影響を与えているのでしょうか？

【生徒１】消費税が上がるとか

【生徒２】新しい法律ができる…など

[先生] そうですね。もっとすごい影響をあげましょうか？ 累積国債残高って知っていますか？ 「国債」というのは国の借金ですよね。「累積」ですから，その借金が積もり積もっていくらになっているでしょうか？ という質問です。

【生徒】「10兆円」「100兆円」などの解答

[先生] なんと2016年度末で「838兆円」です。感覚的に「兆」という単位は分かりづらいですが，この国債は「借金」ですから返さなくてはいけませんね。どのように返すのですか？ 当然，いままで払っている税金以上に，私たちから税金を取って返済するわけです。つまりこれから私たちには増税が待っているわけです。さて，この借金を返すために国民一人あたりいくら増税しなくてはならないでしょうか？ 日本の人口１億2,682万人（総務省の2016年１月１日時点の人口統計による）として計算してみて下さい。

【生徒】（ちゃんと計算すると）661万円

[先生] そうです。答えは，国民１人あたり「661万円」です。皆さんの未来には「661万円」の借金返済が待っているのです。問題は，その借金が年々増えていることです。え？ 嫌ですって？？ でも，その予算を決めているのは，みんなが選んだ国会議員であ

1. 政策を比較して投票先を決めよう！（清水書院の「ワークシート」を使用した授業）

り，予算を編成しているのは内閣なんですよ。

　長くなりましたが，「選挙とは『将来』を決めること」という意味が分かりましたか？　「借金をしてでも社会保障を充実して欲しい」「借金をしてでも景気対策をして欲しい」のか，「多少社会保障への予算を減らしても，健全財政（借金を減らす）を目指して欲しい」「景気対策と言って公共事業費などをばらまいているけれど，その予算をカットして借金を減らしたり返して欲しい」のか，私たちが誰に投票するかで決まってくるのです。

　確認ですが，内閣や国会は大きな権限を持っています。いま説明したように，内閣が予算を編成し，国会が議決するのです。その「議員を選ぶ」＝「『将来』を決める」のが選挙であることが分かってもらえましたか？

　さて，「選挙とは何か」が分かってもらえたところで，「ワークシート」に移りましょう。ところどころ説明や質問をしながら，3人には「ワークシート」を読んでもらいます。

　はじめのところは私が読みますね。

● **Work Sheet　18歳選挙権に向けて** より

放課後の教室

　先生と憲子さんと隆史君が話をしています。さあ，あなたも加わって，18歳選挙権をめぐる話題についてのワークシートを完成させましょう。

[先生]　さてここから3人の皆さん，お願いします。

●●●選挙と選挙権●●●

先生：日本では，平成27年に法律が改正されて，選挙権を有する年齢が，20歳から18歳に引き下げられたね。

> **隆史**：そうすると，高校生が投票する可能性があるんですか。
> **先生**：そうだよ。でもね，世界のほとんどの国では，18歳で選挙権を行使できる国が多いんだよ。右の表を見てご覧。

[先生] はい，ここでちょっとストップ！表の5か国は「G5」の国々で，いわゆる「先進国」ですね。選挙権はどうですか？　そう，日本以外とっくに18歳になっていましたね。他に気がつくことはありませんか？

【生徒】 日本だけ「20歳」のものがある

【生徒】 アメリカと日本だけ「被選挙権の年齢」が違う

	選挙権	被選挙権（下院）	法律上の成人	刑事手続で「非少年」
日本	2016年夏から18歳	（衆議院）25歳	20歳	20歳
アメリカ	18	25	18	18
イギリス	18	18	18	18
ドイツ	18	18	18	原則18
フランス	18	18	18	18

主要国の選挙権年齢等一覧表
（「主要国の各種法定年齢」国立国会図書館および立法考査局）

[先生] そうですね。そのとおりです。いま見たのは5か国だったけど，世界に拡げてみましょう。質問です。統計がある199の国・地域のなかで，選挙権が18歳以下の国は何か国あると思いますか？

【生徒】 「20か国」「50か国」など

[先生] 答えはなんと「176か国」です。さらに，そのうち最低年齢の国は何歳だと思いますか？

【生徒】 「16歳」「14歳」など

[先生] 「14歳」はいきすぎかな…。実は「16歳」で6か国あります。「16歳選挙権」の国の中には，この夏にオリンピックが開かれるブラジルや音楽の都ウィーンを首都とするオーストリアが含まれています。どうですか？　世界の大きな流れは18歳選挙権になっていて，日本は乗り遅れていたんですね。ですから日本は，遅ればせながらやっと「18歳選挙権」の流れにのったわけです。

　さて，続けてもらいましょう。

1. 政策を比較して投票先を決めよう！（清水書院の「ワークシート」を使用した授業）

憲子：ほんとだわ。世界のほかの国はそうなっているのね。でも、なんで18歳なのかしら。義務教育が終わったからとか、就職したからとかのきっかけで決めてもいいのにね。でも私は、今年18歳だから、選挙があれば今でも投票に行けるけどね。
隆史：僕は、来年になると投票に行けるんだな。

［先生］ はい、ここで「作業１」を行って下さい。

作業１ （ ○を付けて下さい ）
あなたは、　　　来年投票に行ける。　　　再来年投票に行ける。
　　　　　　その他（　　　　　　　　　　　　　　　　　　　）

［先生］ ○を付け終わったかな？　では手を挙げてもらいましょう。
「来年投票に行ける」人……○人ですね。「再来年投票に行ける」人……、△人ですね。
（注）この授業案は対象を高校２年生と想定しているので、他学年で実施する際は、質問を変える。

憲子：そもそも、なんで選挙があるのかな。なんでみんなは投票に行くの？
先生：教科書や資料集などではどんなふうに書かれているか確認してみよう。選挙権を国民が獲得するための歴史や考え方が書かれているよね。
隆史：選挙とは、国民が政治に参加する機会で、国民の意思を表明する機会、って書かれています。
先生：そうだね、民主主義社会では、権威や権力はすべて、そこに住む私たち国民から生まれるっていう、国民主権の考え方だね。
憲子：だから選挙があるのね。もし、私たちが選んだ代表が、私たちが望んでいる事に反することをすれば、次の選挙の時に変えることが出来るからですね。

[先生] はい，ここで少し止まって下さい。「国民主権」という言葉が出てきました。ちょっと重要な言葉なので確認したいと思います。まず質問です。「主権者」を定義してみましょう。

【生徒】 政治を国民が決められること。

【生徒】 国民が一番偉い

[先生] 教科書に書かれている「主権者」とは，「国家の政治のあり方を最終的に決定する権利を持っている人」です。それが国民にある，ということですから，「国民主権」というのは「国家の政治のあり方を最終的に決定できる権限が国民にある」ということなんですね。例えば，日本国憲法を改正するとしたら，最後は「国民投票」で決めることになっていますね。このことです。でも国民全員が，いつもいつも「国家の政治」のことを考える時間はありません。ですから現代の国家はみんなで「分業」して，農業をしたり，営業をしたり，工場で車を作ったりしていて，その仕事のひとつが「国民の代わりに『国家の政治』を考える議員」なのです。でも議員の決めたことがいつも正しいわけではありませんし，主権者である国民の利益に合っているわけでもありません。ですから，国民が定期的に議員を審判し，必要があれば議員を交代させます。それが選挙です。

さて，皆さんの想像する「国民主権」って，中学校で習った「国会」「内閣」「裁判所」の三角形の中に「国民」が入っている図ですか？ 私のイメージはちょっと違うので補足します。

授業で「株式会社」について勉強しましたか？ さて，質問ですが，株式会社で一番偉い人は誰でしょうか？

【生徒】 社長。取締役。CEO！

[先生] 答えは「社長」ですか？ 違います。「株主」です。会社をスタート

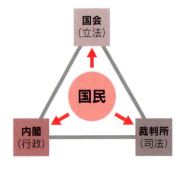

1．政策を比較して投票先を決めよう！（清水書院の「ワークシート」を使用した授業）

させたり，新しく工場を建てるための資金を，「株式」を買って出したのは「株主」です。ですからよく「会社は株主のもの」といわれるのです。ですが，会社の持ち主である株主が，その会社の経営をいつも出来るかというと，大きな会社では株主はたくさんいますし，株主も暇ではないので無理です。そこで，株主が1年に一回集まる株主総会で，「1年間，君たちに会社経営を任せるよ」と社長達を選出するのです。ですから社長以下経営陣が会社経営をうまく行わないと，次の株主総会で「クビ」になってしまうのです。

　資料1を見て下さい。株主が偉いので「上」に来ています。この株式会社の仕組みは，内閣などと国民の関係に似ていませんか？　「株主＝国民」「社長＝内閣総理大臣」「株主総会＝選挙」ですよね。ですから私たち主権者は，選挙で「次の数年間の政治を任せる人たち」を選んでいるのです。

　さて，また続けてもらいましょう。

資料1

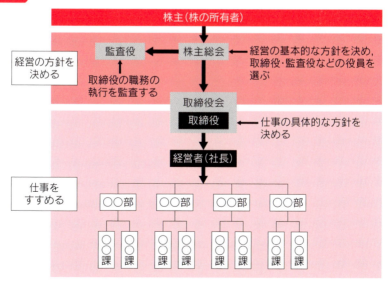

●●●選挙と投票率●●●

先生：ところで，右の資料を見てもわかる通り，実際の選挙になると20歳代では選挙に行かない人の方が多いんだ。最近の国政選挙の年代別投票率を見ると，50歳代から70歳代は60％から80％だというのに，20歳代は40％を切っている。なぜ若者たちの多くが選挙に行かないんだろう？
どう思う？

隆史：国政選挙って国全体のことだから，自分の1票は，何万分の1，何十万分の1で，自分が行っても行かなくても結果は変わらないと思っちゃうからではないですか。

[**先生**] はい，ここで「**作業2**」を行って下さい。

作業2 あなたは，若者が選挙に行かない理由をどう思いますか？
（○を付けて下さい）
・政治のことがわからないままでは投票できないと思っている。
・自分の1票では政治は変わらないと思っている。
・政治のことには関心がないので関わりたくないと思っている。
・その他（　　　　　　　　　　　　　　　　）

[**先生**] ○を付け終わったかな？　では手を挙げてもらいましょう。
「政治のことがわからないままでは投票できないと思っている」人，○人ですね。「自分の1票では政治は変わらないと思っている」人，△人ですね。「政治のことには関心がないので関わりたくないと思っている」人，□人ですね。
「その他」の人。（近寄っていき「どんな答えですか？」と発言してもらう）
ありがとうございました。いまの作業に関連して，次の**資料2**は，2015年10月に宮崎県の選挙管理委員会が，公立私立を問わず宮崎県内の全高校生にアンケートをとり，そのうち30,632人から回答を得たものです。アンケート結果は，宮崎県選管のＨＰ

1. 政策を比較して投票先を決めよう！（清水書院の「ワークシート」を使用した授業）

にあります。全県を挙げてのアンケートは、おそらく宮崎県以外にはないと思いますので、大変貴重な資料です。**資料２**を見ていきましょう。このアンケートは「18歳選挙権に賛成ですか、反対ですか」との質問の回答者のうち、「反対」と回答した高校生にその理由を聞いたものです。どうですか、皆さんの感覚と一致していますか？

では、また続けてもらいましょう。

先生：うーん。でも、多くの若者たちがそう考えて、選挙に行かないという行動を選べば、どうなるんだろう。選挙に行かないのは、自分の意思を表明しないということになるよね。

憲子：選挙で投票してくれる人の意見を、政治家の人たちは聞くことが多くなるのかしら。生徒会の選挙でも自分を支持してくれる人たちの意見を優先して考えたりしますよね。

資料２ 18歳選挙権に反対の理由（３つ以内で選択）

	選択肢	回答人数	Q1で「反対」の生徒に占める割合 ※1	全生徒に占める割合 ※2
1	政治や選挙に関する知識がないから	4,440	62.9%	14.5%
2	18歳は、まだ十分な判断力がないから	4,189	59.4%	13.7%
5	どうせ投票に行かない人が多いから	3,001	42.5%	9.8%
3	年齢を下げても政治は変わらないから	2,454	34.8%	8.0%
6	まだ社会に出ていないから	1,814	25.7%	5.9%
4	忙しくて投票に行けないから	571	8.1%	1.9%
7	その他	543	7.7%	1.8%
	有効回答計	17,012		

※1 Q1で「反対」と回答した生徒（7,055人）に占める割合
※2 アンケートに回答した全生徒（30,632人）に占める割合

（宮崎県選挙管理委員会HPより）

> **隆史**：グラフを見ると投票率が高いのは，50代や60代の人たちだね。政治家の人たちは，お年寄りの意見を優先して聞く可能性が高くなるのかな。
> **先生**：その通り！　このままでは日本の政治は「お年寄りの，お年寄りによる，お年寄りのための」政治になってしまう可能性が高い。日本が抱えるこれからの大きな問題，たとえば赤字国債，日本の平和や安全などは，今の若者や子どもたちに一番負担や責任がかかってくるはずなのに，若者向けの政策が取られなくなる可能性が出てくるわけだ。ここは大きなポイントだ。

[先生] またちょっと止まって下さい。いまの「お年寄りの，お年寄りによる，お年寄りのための政治」というのは，誰の言葉のパロディでしょうか？
　【生徒】　リンカーン！
[先生] そのとおりです。南北戦争の激戦地だったゲティスバーグでの演説ですね。では続けて下さい。

> ●●●選挙に行くために●●●
> **隆史**：投票に行ったほうがいいことは分かったけれど，候補者のなかからどういう基準で投票先を選べばよいか，自分ではよく分からないんです。
> **先生**：なるほど。じゃあちょっと考えてみようか。たとえばあなたは，どのようなところを見て投票する人を選ぶだろうか？　いま，思っていることで答えてみよう。

[先生] はい，ここで「**作業3**」を行って下さい。

> 作業3（　○を付けて下さい　）
> 　あなたは，
> 　　候補者の顔や声　　　新聞やテレビの評判　　　友人の紹介
> 　　選挙運動の熱心さ　　　政党や政治家のホームページ

1. 政策を比較して投票先を決めよう！（清水書院の「ワークシート」を使用した授業）

> 　　　ＳＮＳなどその他（　　　　　　　　　　　　　　　）
> で選ぶ。

[先生] 　○を付け終わったかな？　では手を挙げてもらいましょう。
　　　「候補者の顔や声」は○人。「新聞やテレビの評判」は△人。「友人の紹介」は□人。「選挙運動の熱心さ」が×人。「政党や政治家のホームページ」が◎人。「ＳＮＳなど」が▲人。
　　　「その他」の人，どんな答えですか？（発言してもらう）。
　　　では，宮崎県の高校生はどんなことに注目して投票するのでしょうか？
　　　次の**資料3**は，「投票先を決める際に，どれを参考にしようと思いますか？（3つ以内で選択）」という問への回答です。

[先生] 　「候補者の演説」「選挙ポスター」などが並んでいます。しか

資料3 投票先を決める際に，どれを参考にしようと思いますか？（3つ以内で選択）

※1

	選択肢	回答人数	全生徒に占める割合
7	候補者の演説	10,982	35.9%
10	テレビやラジオ等のニュース番組，新聞記事	9,502	31.0%
1	選挙ポスター	8,575	28.0%
11	家族や友だちの意見	6,927	22.6%
3	選挙公報	6,603	21.6%
6	政見放送（テレビ・ラジオ）	6,541	21.4%
2	選挙カー（選挙運動用自動車）	4,993	16.3%
13	わからない	3,468	11.3%
9	候補者のSNS（ツイッターやフェイスブック，LINEなど）	2,897	9.5%
8	候補者のホームページ，ブログ	2,330	7.6%
4	選挙運動用チラシやはがき	1,805	5.9%
12	その他	1,011	3.3%
	有効回答計	65,634	

※1　アンケートに回答した全生徒（30,632人）に占める割合

し，第1位の「候補者の演説」といっても，自分の住んでいる街にすべての候補者が演説に来てくれるわけではありませんから，すべての候補者の演説を聞こうと思うと，いろいろな場所に時間をかけて聞きに行く必要があります。第3位の「選挙ポスター」といっても，42cm×30cmのポスターには，候補者の顔写真と何行かのスローガンしか載っていないので，とても候補者の政策がわかるとは思えません。第5位の「選挙公報」も紙面の大きさが限られているので，マニフェストの要約が多くて20行程度載っているだけで，政策の全体像や関連性は分かりづらいと思います。第6位の「政見放送」もポスターや選挙公報よりはゆとりがありますが，時間の関係ですべての政策が説明されるわけではありません。第7位の「選挙カー」は，候補者名や政党名を連呼しているだけで，政策は全くといってよいほどわからないでしょう。

そのように考えると，投票先を決めるのは難しそうですね？ですから宮崎県の高校生も，「選挙の際に，困りそうなことは？」という質問の答えが資料4のような結果になっています。

このように考えてくると，どうしたら簡単に「政策」を知り，投票先を決められるのでしょうか？

また続けてみましょう。

先生：投票の基準がまったくないと困るよね。そういう時は候補者の所属する政党に注目して考えてほしいな。というのは，現代の議会政治では，政党単位で意見をまとめ，一致して行動することが多いからなんだ。政党は，考え方や意見が同じような人たちの集まりだからね。国政選挙がある時には，各党は必ずマニフェストや政権公約を発表する。これを投票前に手に入れて比較したり，新聞やインターネットに載る「まとめ」などで読んで比較してほしい。

1．政策を比較して投票先を決めよう！（清水書院の「ワークシート」を使用した授業）

憲子：聞いただけで難しそう！　私たちでも読めますか？
先生：たしかにすべて読もうとするのは，大変だね。まず，今の自分にとって何が望ましい政策なのか，1つでも2つでもいいから，考えて欲しい。自分なりの「争点」をしぼって比較するんだ！
隆史：僕はなんだろう。戦争に巻き込まれるような日本にはならないでほしい，とか。
憲子：私は，将来どんどん働きたいので，女の人の働く環境を考えてほしいわ。

[先生]　さて，今日の授業のポイントはこの作業以降になります。では，「**作業4**」を行って下さい。

作業4　あなたにとって望ましい政策を考えるとき，重要と思うテーマを2つ選んで下さい。（○を付けて下さい）
経済・財政問題　　　　外交・安保・憲法問題
社会保障・女性の問題　原発・エネルギー問題
地方活性化・復興問題　その他（　　　　　）の問題

資料4　選挙の際に困りそうなことは何ですか（3つ以内で選択）

※1

	選択肢	回答人数	全生徒に占める割合
1	情報が少なく，誰に投票すればよいか判断できない	19,652	64.2%
2	投票したい候補者がいない	14,355	46.9%
4	投票に行く時間がない	5,818	19.0%
3	投票の仕方がわからない	5,152	16.8%
8	わからない	3,275	10.7%
7	特に困らない	2,500	8.2%
5	投票する場所が近くにない	2,322	7.6%
6	その他	1,298	4.2%
	有効回答計	54,372	

※1　アンケートに回答した全生徒（30,632人）に占める割合

[先生] 終わったかな？　ここはこのまま続けます。

> 先生：自分にとっての「争点」となるテーマはしぼれたかな？　では，右の資料「政党のマニフェスト要約」を見て，自分の「争点」となるテーマについて，各政党がどのような政策を提案しているかチェックしてみよう。そして，自分の意見に近い政策に「〇」，自分の意見と違う政策に「×」をつけてみるんだ。

[先生] さて，この作業が本日の授業の「ヤマ」です。しっかりやりましょう。再度説明しますが，例えば，自分の興味があるテーマが「経済・財政」問題だとしたら，5ページの一番左の「経済・財政問題」の欄（ワークシートを参照して下さい）を，ズーッと縦に読んでいき，自分の考えに近いものに「〇」，自分の意見と違う政策に「×」をつけてください。私は教室の中を回っていますから，わからない言葉などをどんどん質問して下さい。先ほどいったように今日の授業の「ヤマ」ですから，恥ずかしがらずに積極的にお願いします。時間は20分です。
（授業者は机間巡視を行い，生徒からの質問に答える）

……間（20分）……

（注）この時間は，適宜変更して下さい。

[先生] だいたい終わりましたか？　では続けましょう。

> 先生：出来たかな？
> 隆史：〇×をつけ終わりました。
> 先生：さて，〇×をつけ終わって，「〇」が一番多い政党が，とりあえず隆史君が投票すべき政党の「第一候補」なんだよ。
> 隆史：えーーー!!　そんなに簡単に投票先を決めていいんですか？

1．政策を比較して投票先を決めよう！（清水書院の「ワークシート」を使用した授業）

> **先生**：たしかにすべての政党の政策を理解して，比較してから選択するのがベストだよ。でもね，そこまで完璧にしている人はほとんどいないと思うよ。「でも」って思うかもしれないな。君たち若い世代は「完璧主義」だからね…。私だって「すべての政党の政策」と言われたらひるんでしまうよ。だから，自分にとって一番望ましい政策を考えて，そのテーマを比較して投票しているんだよ。
>
> **憲子**：なんだか肩の力が抜けてきました。これまで選挙って言うと，どうしても「将来の日本を決める」というイメージが強くて，とっつきにくかったんですね。
>
> **先生**：そうなんだ。しかし，いま選んだテーマは２つだったけれど，望ましい政策をかなえるために，どうやって実行するかまでを考えていくと，政治についての関心はさらに深まっていくはず，そして３つでも４つでも比較することが出来ることを忘れてはいけないよ。そして，少しずつ政党の主張や社会の仕組みを理解していく必要があるよ。そこは自分で努力してほしい。

[**先生**] さて，今日の授業の目標，「どうやって投票先を選んだらよいのだろう？」の方法がわかりましたか？ 隆史君同様，君たちも「えーーー!! こんなに簡単に決めていいの？」と思いましたか？ いいんです。

　私だって，そうですね…，多くて「４〜５」の政策を比較して投票先を決めています。きっと大人の中では多い方だと思います。家に帰ってから保護者の方に，「いくつくらい政策を比較して投票先を決めている？」って質問してみて下さい。

　さて，皆さんは「選挙ビギナー」ですから，はじめは２つくらいの政策を比較して投票すればＯＫなんです。ただし，これからいろいろ勉強して，その数を増やしたり，この政党は政策をちゃんと実行しているかな？ などとチェックしていくようにして下さい。それが大事です。

　若い世代が棄権する理由の第４位が，この「どのように投票先

を決めたらよいのかわからない」なんです。今日の授業で皆さんは，その点は大丈夫になったかな？　大丈夫になったのならばうれしいです。

　若い世代が棄権する理由の第2位は「めんどくさい」です。ただし，実際投票に行ってみると分かりますが，投票時間はまあ10分です。皆さんは経験したことがないから「めんどくさい」と思っているんでしょうが，実際はたいして時間はかかりません。ですから，模擬選挙などをやってみると，「めんどくさい」という気持ちはなくなります。

　同じく棄権する理由の第3位は，「私の一票で政治が変わるとは思えない！　それでも投票すべきなの？」です。その点を少し補足します。結論から言うと，**「皆さんの一票の積み重ねで政治は変わります」**。

　2014年の衆議院選挙で，20歳代は約389万票，60歳代は約1254万票，選挙で「一票」を投じました。実に4倍以上の差があります。20歳代はただでさえ少子高齢化で人数は少ないからなのですが，問題は投票率です。その選挙での投票率は，20歳代が32.58％，60歳代が68.28％でした。ここで投票数の差が決定的に出たわけです。あなたが立候補者だとしたら，「若者向けの政策」を提案しますか？　「お年寄り向けの政策」を提案しますか？　当選したかったら当然，「お年寄り向けの政策」ばかりになりますよね。だから，皆さん若い世代は，自分のことに向けての政策がほとんどないので，さらに政治に興味がなくなってしまうのかもしれません。

　では，政治家たちに若者の方を向かせるためにはどうしたらよいのでしょうか？

　若者も「投票数」を増やせばよいのです。え？　少子化で20歳代の数が少ないですって？　だから，18歳と19歳に20歳代の応援に入ってもらうのです。20歳代に，18歳と19歳の約240万

1．政策を比較して投票先を決めよう！（清水書院の「ワークシート」を使用した授業）

　人が加勢に入り，60歳代と同じ68.28％の投票率になったら，若者の総投票数は，なんと約1030万票になります。まだ60歳代の約1200万票に負けていますが，この接近した数字を見たら，政治家たちは若者の意見を無視することは出来なくなるのではありませんか？　そうすれば若者向けの政策，例えば「高校授業料の無償化」「給付型奨学金の増額」「若者向け就業対策」「ブラックバイトの根絶」などが提案され，実現していくことになるのです。

　結論です。たしかにあなたの一票の影響力は小さいかもしれませんが，高校生も含めた若者が投票に行き，「数の論理」が働くと，大きな発言力となっていくのです。このように考えると，あなたが選挙に行く「価値」は絶対にあると思います。

　投票に行く時は必ず友達を連れていって下さいね。

　さて最後にひと言お願いです。

　ある卒業生から，次のお願いをされました。「先生，後輩たちには『一番最初の選挙に行くことが肝心だ』と伝えて下さい。理由は，初めての選挙に行くと，その次の選挙でも『前回も行ったから今回も行こう』と思うことが多いのですが，最初の選挙をサボると『前回も行かなかったから今回もいいや』と思ってしまうことが多いんです。後輩たちを是非，最初の投票に行かせるよう，この話をしてやって下さい。」というものでした。さて，この卒業生からの伝言で，今日の授業は終わりにしたいと思います。

（注）公開授業などで，他の先生が教室内にいる場合は，そうした先生も巻き込んだ次のような展開が考えられます。

[先生]　先生方は，前回の選挙の時，いくつくらいの争点を比較して投票先を決めましたか？　はい，生徒の皆さんは後ろを向いて下さい。
　「『0』で，直感で投票した人」，0人。「『1～2』の政策を比較して投票した人」，△人。「『3～4』の政策を比較した人」，□人。「『5』以上を比較した人」，0人。ね，先生方もこんなもんなんです。安心したでしょう（以下，続ける）。

明日への授業 LIVE

2．投票に行かないと損をする？

　第1編，第2編で説明したとおり，高校生は「自分の一票で政治は変わらないのではないか？」と感じています。この有用感対策が，この教材です。現代の高校生は，自分の利害関係が絡むと，政治に俄然強い関心を示します。その点を利用しようと考えたものです。

授業のコンセプト

（1）授業の目標
　高校生が棄権の理由に挙げた，「自分の1票で政治は変わらないのではないか？」という気持ち＝「有用感が低い」をなくそうとすることが目標です。その意味で，「狭義」の主権者教育教材です。

（2）教材について
①ほとんどの高校で実践できる内容です。
②公民科の授業でも，LHRや総合的な学習の時間でも実践できるよう作成してあります。また基本的に，「1時間完結型」の教材として作成してあります。
③ここで示した授業案では，パワーポイントで授業を進めますが，ワークシートを作成して，生徒に書き込みをさせながらの授業も可能です。

（3）外部との連携
①この授業をうけて，財政の問題や若者の貧困の問題など，通常の公民科の授業に発展させることができます。その際は，公民科の先生と連携をとってください。

2．投票に行かないと損をする？

授業案

導入　5　分

[先生]　皆さんは，2015年に選挙権年齢が引き下げられて「18歳」になったことを知っていますか？　この引き下げについて，「なぜ18歳になったんだろう？」とか，「めんどくさいな」とか，「私の一票で政治って変わるの？」などの疑問や意見を持ちましたか？

今日は，「私の一票で政治は変わるの？」という疑問に答えてみたいと思います。答えはズバリ「変わります！　それどころか選挙に行かないと損してしまいますよ！！」です。

さて，まず基礎知識の確認です。なぜ18歳選挙権になったのでしょうか？

【生徒】　若い人が少ないから

【生徒】　若い人たちの投票率が低いから

【生徒】　若い人たちの意見を取り入れたいから

[先生]　いろいろな答えが出ましたね。私は大きく３つあると思っています。**１点目は，憲法改正国民投票**との関係です。授業で習ったと思いますが，憲法を改正するためには，「各議院の総議員の３分の２以上の賛成で」国会が国民に発議して国民投票を行い，その過半数の賛成が必要でしたね。さて，その国民投票の年齢が18歳に決まったんです。憲法という「国の最高法規の改正」の意思表示を18歳で出来るのに，国会議員などを選ぶ年齢が20歳というのはアンバランスですよね。ですからその整合性を求めたのです。

２点目は，少子高齢化の影響で若者の数が減ったため，18歳と19歳に加勢してもらうためです。2016年３月の日本の年齢別人口の概算値では，20歳代は「1268万人」だったのに対し，60歳代は「1836万人」でした。実に「1.45倍」の差です！！この人口差の問題点は，若年層は年々減るのに対し，高齢者は

年々増えていくことなんです。ちなみに授業で学んだ「高齢化率」などの基礎となる65歳以上人口は「3427万人」で，全有権者の約31%を占めています。これでは若者の声は政治に届きにくくなり，お年寄りの声が大きくなることになりますよね。このような現象を「**シルバー民主主義**」と呼んでいます。これでは困ります。

3点目は，**世界の流れに合わせるため**です。

展開1　15分　スライド①，②を使用

スライド①

Q1　統計がある199の国と地域のなかで，選挙権が18歳以下の国は何か国？
　A1　176か国

Q2　そのうち最低年齢の国は何歳？
　A2　16歳

Q3　16歳選挙権の国はどこ？
　A3　ブラジル，オーストリア，キューバ，キルギス，ニカラグア

[先生]　ではここで質問です。第1問，統計がある199の国と地域のなかで，選挙権が18歳以下の国は何か国あるでしょうか？
　【生徒】　「30か国」「50か国」など
[先生]　いいえ，もっと多いんです。実はなんと176の国と地域です。では第2問，そのうち最低年齢の国は何歳でしょうか？
　【生徒】　「16歳」「14歳」など
[先生]　答えは16歳です。続いて第3問，16歳選挙権の国はどこでしょうか？　思いつきとか，想像でいいので，答えてみて下さ

2．投票に行かないと損をする？

い。どこの国が16歳選挙権になっていそうですか？

【生徒】　（あたることは少ない，いろいろ）

［先生］　答えは，ブラジル，オーストリア，キューバ，キルギス，ニカラグアです。

　　　　さあ，これで18歳選挙権になった理由がわかりましたか？3番目の「世界の流れに合わせる」という点が一番大きいのかもしれませんね。

［先生］　さてまた質問です。ズバリ聞きます。あなたは選挙に行きますか。

　　　　手を挙げてもらいましょうか。行くと思っている人　○人ですね。行かないと思っている人…△人ですね。

スライド②
Q4　ズバリ聞きます。あなたは選挙に行きますか？
A4　YES　　　人　NO　　　人

展開1つづき　スライド③，④を使用

［先生］　さて，高校生全体はどう思っているのでしょうか。次のスライド③は，2015年10月に宮崎県の選挙管理委員会が，公立私立を問わず宮崎県内の全高校生にアンケートをとり，そのうち30,632人から回答を得たものです。全県を挙げてのアンケートは，おそらく宮崎県以外にはないと思いますので，大変貴重な資料です。このスライドは，「あなたは選挙に行きますか？」という質問に対する答えです。

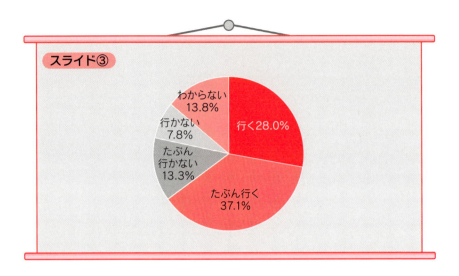

[先生] どうですか？ 皆さんの答えと一致していますか？ 「行く」と「たぶん行く」を合わせると65.1%です。つまり3人に2人の高校生は行くつもりなんですね。さて，「行かない」「たぶん行かない」という21.1%の高校生はなぜ行かないのでしょうか？ 次のスライド④を見て下さい。「興味がないから」「めんどくさいから」「誰が当選しても政治は変わらないから」「誰に投票するか判断できないから」「投票したい候補者がいないから」がベスト5ですね。先ほど「行かない」に手を挙げた人は，このような理由なのですか？ 「興味がないから」とか「めんどくさいから」とか言ってられないと思うのですが…。

スライド④

	選択肢	回答人数	Q20で「行かない」「たぶん行かない」を選択した生徒に占める割合 ※1	全生徒に占める割合 ※2
1	興味がないから	2,633	41.0%	8.6%
2	めんどくさいから	2,508	39.1%	8.2%
3	誰が当選しても政治は変わらないから	2,264	35.3%	7.4%
7	誰に投票するか判断できないから	2,131	33.2%	7.0%
8	投票したい候補者がいないから	1,354	21.1%	4.4%
6	政治家は信用できないから	1,222	19.0%	4.0%
5	自分に何のメリットもないから	805	12.5%	2.6%
4	自分一人が行かなくても選挙結果に影響はないから	780	12.1%	2.5%
9	その他	592	9.2%	1.9%
	有効回答計	14,289		

※1 Q20で「行かない」または「たぶん行かない」と回答した生徒(6,422人)に占める割合
※2 アンケートに回答した全生徒(30,632人)に占める割合

展開1つづき　スライド⑤,⑥を使用

［先生］　また質問です。根本的な質問ですが,「選挙」ってなんでしょうか？　「選挙」はなんのためにあるのでしょうか？

【生徒】　主権者である国民が代表者を決める

【生徒】　主権者としての行動

［先生］　いろいろな考えがありますね。よく私は選挙のことを,「私たちの将来を決めること」だと説明しています。「選挙って『将来』を決めるのですか？」という質問も出てくると思いますが,将来を決めています。

　　　　例えば,衆議院選挙や参議院選挙という国レベルの選挙は,だいたい2年半に1回あるといわれています。私たちの一票で,国会議員がきまり,授業で習ったようにその国会議員の中から内閣

総理大臣が互選されるのです。つまり、私たちが選んだ議員たちが、約2年半、法律を作り、予算を決め、外交政策を決めていくのです。まさしく「この一票が、これからの2年半を決める」ことになりますよね。

スライド⑤

Q5　選挙って何だろう？　なぜあるのだろう？
　　A5　選挙とは「**日本の将来を決めること**」

「**日本の将来を決める**」ってどういうこと？？

[先生]　さてまた質問です。国会議員や内閣総理大臣が、法律を作り、予算を決め、外交政策を決めていくのですが、私たちに何かしら影響を与えているのですか？

【生徒】　消費税をあげることを決める

【生徒】　法律が変わって生活が変わる

[先生]　そうですね。もっとすごい影響をあげましょうか？　累積国債残高って知っていますか？　「国債」というのは国の借金ですよね。「累積」ですから、その借金が積もり積もっていくらになっているでしょうか？　という質問です。

【生徒】　「10兆円」「100兆円」など

[先生]　なんと2016年度末で「838兆円」です。感覚的に「兆」という単位は分かりづらいですが、この国債は「借金」ですから返さなくてはいけませんね。どのように返すのですか？　当然、いままで払っている税金以上に、私たちから税金を取って返済するわけです。つまりこれから私たちには増税が待っているわけです。さて、この借金を返すために国民一人あたりいくら増税しなくてはならないでしょうか？　日本の人口1億2,682万人（総務省

2．投票に行かないと損をする？

の2016年1月1日時点の人口統計による）として計算してみて下さい。

【生徒】（ちゃんと計算すると）661万円
［先生］　そうです。答えは，国民1人あたり「661万円」です。皆さんの未来には「661万円」の借金返済が待っているのです。問題は，その借金が年々増えていることです。え？　嫌ですって？？　でも，その予算を決めているのは，みんなが選んだ国会議員であり，予算を編成しているのは内閣なんですよ。

> **スライド⑥**
> **Q6**　2016年度末の累積国債残高は？
> 　　　**A6**　約838兆円
>
> **Q7**　国民一人あたりの借金額は？
> 　　　（日本の人口1億2,682万人とすると）
> 　　　**A7**　約661万円

［先生］　長くなりましたが，「選挙とは『将来』を決めること」という意味が分かりましたか？　「借金をしてでも社会保障を充実して欲しい」「借金をしてでも景気対策をして欲しい」のか，「多少社会保障への予算を減らしても，健全財政（借金を減らす）を目指して欲しい」「景気対策と言って公共事業費などをばらまいているけれど，その予算をカットして借金を減らしたり返して欲しい」のか，私たちが誰に投票するかで決まってくるのです。

　確認ですが，内閣や国会は大きな権限を持っています。いま説明したように，内閣が予算を編成し，国会が議決するのです。その「議員を選ぶ」＝「『将来』を決める」のが選挙であるわけです。

第3編　実践教材編　明日への授業

展開2　20分　スライド⑦，⑧，⑨を使用

[先生]　さてここまでの説明で，「選挙に行かなくてはならない理由」が少しわかりましたか？　自分が幸福な生活を送るためにも，自分の考えに合った候補者を国会に送り込まなければならないのですね。

　　え？　まだ納得していない顔の人がいますね。では次は，「選挙に行かないと『損』をしてしまう」という説明です。皆さんは，自分の1票はいくらくらいの価値があると思いますか？

【生徒】「1万円」「10万円」など

[先生]　学者さんの中には，凝り性な人がいるらしく，こんなことを計算している人がいるんです。

スライド⑦

Q8　選挙に行かないと「損」をする？？

　A8　一票の価値を試算すると

　　（1）13万5000円説

　　→①国債が若者一人あたり年間75,300円新しく発行される

　　②「年金などの高齢者への給付」－「児童手当など若者への給付」＝59,800円

　　☆①＋②＝135,100円

[先生]　スライドを見て下さい。まずは「13万5000円説」です。若者一人あたり「年間75,300円」国債が新しく発行されています。そしてお年寄りがもらえるお金，例えば「年金などの高齢者への給付」と若者がもらえるお金，例えば「児童手当など若者への給付」との差は，59,800円となります。そうすると，お年寄りに対して若者は，①＋②の135,100円負けています。つまり，投票に行って「若者向けの政策を実現しろ！」と言わないと，毎年これだけ損をしてしまうのです。

2．投票に行かないと損をする？

次は「68万円説」です。

> **スライド⑧**
> （2）68万円説
> 　①1年間の国家予算で，65歳以上を対象とした事業，
> 　　一人あたり126万円
> 　②1年間の国家予算で，65歳未満を対象とした事業，
> 　　一人あたり58万円
> 　☆①－②＝68万円

[先生]　1年間の国家予算で，65歳以上を対象とした事業，つまり年金や老人ホームの建設などですが，そのお金がお年寄り一人あたり126万円使われています。また1年間の国家予算で，65歳未満を対象とした事業，つまり若者の就業対策や保育所の建設費用などです，そのお金が一人あたり58万円です。ですからその差の68万円分，若者の声が届いていないため損をしているのです。

　まだあります。では次は「270万円説」です。

> **スライド⑨**
> （3）270万円説
> 　①1年間の国家予算は約90兆円で，選挙は3年間に
> 　　一回あるとして，一回の選挙で「（3年間分の予算）
> 　　270兆円の予算のゆくえ」をきめる
> 　②有権者は，約1億人
> 　☆①÷②＝270万円
> （4）まだまだ試算はあるが，いずれにせよ
> 　**「投票に行かないと損」**
> 　だということがわかる。

[先生] 1年間の国家予算は90兆円を超えています。選挙が3年間に一回あるとすると,一回の選挙で3年分の予算,つまり約270兆円分の使い道を決めることになりますよね。有権者は約1億人ですから,人数分でそのお金を割ると「1票＝270万円」ということになります。

　まだまだいろいろな試算はありますが,このあたりで終わりにしましょう。どうですか？　選挙に行かないと「損」をしてしまうでしょう？　少し「選挙に行ってみようかな？」という気持ちになってきましたか？

展開2つづき　を使用

[先生] そのような気持ちになってくれたのなら,次は**スライド④**を思い出して下さい。投票に行かない理由には「誰に投票するか判断できないから」「投票したい候補者がいないから」というものがありましたね。次は,「どのように投票先を決めたらよいのか？」を考えてみましょう。

スライド⑩

Q9　どうやって投票先を決めるの？

　A9　投票先の決め方
　　（1）新聞などで,自分の考えに合っている政策に〇を,合っていない政策に✕を付けて,〇の多い政党に投票する。
　　（2）「ボートマッチ」で投票先を選ぶ。

[先生] 「どうやって投票先を決めたらよいのか」という質問に対しては,いろいろな答えがあります。

　1つ目は,選挙の公示日（選挙戦が始まる日）の夕刊に載っている「**各政党の党首の『第一声』**」です。選挙戦がスタートした

2．投票に行かないと損をする？

日の「第一声」は，その政党がこの選挙で一番訴えたいことを述べることが普通です。その「第一声」を新聞の夕刊は並べて載せていますので，各党の政策の違いが一番はっきり分かると思います。それを比較して投票先を選ぶのはどうでしょうか？

　２つ目は，選挙が近づくと，新聞に各党の「**マニフェスト比較一覧表**」が載ります。その一覧表で，自分の考えに合っている政策に○を，合っていない政策に×を付けます。そして，○の一番多い政党に投票する，というものです。どうです，結構簡単でしょう？

　３つ目は，「**ボートマッチ**」を使います。「ボートマッチ（vote match）」というのは，選挙に関するインターネット・サービスです。選挙の立候補者や政党に対して，選挙で争点となりそうな政策に関するアンケートに答えてもらい，それをデータベース化しておきます。そして，私たちが同じアンケートに回答する事で，立候補者や政党との考え方の一致度を測定することができるというものです。

　具体的には，インターネットでいくつかあるボートマッチのホームページを開き，例えば，「あなたは原発の再稼働に賛成ですか」との質問に，「YES」か「NO」かで答える。次に「あなたはＴＰＰ締結に賛成ですか」に答える。そうして20項目くらい答えると，「あなたは，○○党の政策の一致度△％。××党の政策の一致度□％…」などと画面に出てくるものです。このボートマッチは，政党の政策と自分の興味のあることをうまく「マッチ」させてくれるものなんですが，これが「絶対」と思ってはいけません。あくまでも参考程度に考えておき，マニフェストなどを使って自分で調べ，比較することが大事であることは理解して下さい。

　４つ目は，究極の選択方法です。明治時代の論客の一人である福沢諭吉が「政治とは悪さ加減の選択」と辛口の発言をしたこと

があります。この発想から、各政党のマニフェストや新聞などのマニフェスト比較を見て、自分にとって「悪い政党」や「悪い政策」を次々排除していき、最後に残った政党に投票する、という方法です。事実上の「**消去法**」ですね。

　５つ目は、「社会には、まだまだ解決しなくてはならない課題もあるが、将来、これらの課題は解決できそうだし、このままの政治体制や政治のスピードのままでやっていこう」と感じていたら、今のままの政治でよいのですから「**与党**」に投票する。「社会には、まだまだ解決しなくてはならない課題がたくさんある。現在の政治運営では、将来、これらの課題は解決できそうにもないので、政権を交代させて政治体制や政治のスピードを変えていこう」と考えていたら「**野党**」に投票する、というものです。この選択方法も分かりやすいと思います。

　ある人が「日本の政治家には女性と若い人がいないから偏った政治になるんだ。だから、投票する候補者に困ったら、女性か若い人に投票すればよい」とかなり無茶なことを言っていました。さて、投票先を考えるいろいろな方法をお話ししました。

　参考になりましたか？　とにかくあまり難しく考えないで、皆さんは「選挙ビギナー」という気持ちでチャレンジしていきましょう。はじめは誰もが初心者です。回数を重ねていくと、だんだん慣れてくるはずです。

展開２つづき　スライド⑪を使用

[先生]　最後に「選挙には行かなくてはいけないの？」、という質問について考えてみましょう。
　さて、本当に、選挙には行かなくてはいけないのでしょうか？皆さんはどう考えますか。
【生徒】　選挙に行くのは義務だと思う
【生徒】　行かなくてもいい。そういう権利もある

> **スライド⑪**
> **Q10** 投票に行かないといけないの？
> **A10** 投票は権利ですから「棄権」もありです。
> ただし，若者の投票率が低いと，若者向けの政策が少なくなってしまいます。
> 例えば，「高校授業料無償化」
> 　　　　「ブラックバイト対策」
> 　　　　「若者の就職支援」
> 　　　　「給付型奨学金制度」
> 　　　　「就学支援制度」　　などです。

［先生］　まず原則の確認ですが，投票は権利ですから「棄権」もありです。ただし若者の投票率が低いと，若者向けの政策が少なくなってしまいます。皆さんが直面している問題として，「高校授業料無償化」「ブラックバイト対策」「若者の就職支援」「給付型奨学金制度」「就学支援制度」などがあるはずです。ここでは「給付型奨学金制度」を例にしましょう。高校卒業後，進学を考えている人はよく聞いておいて下さい。

　現在，大学などで奨学金を借りている人は，だいたい半分近くいます。そして，その１割以上にあたる17万人が返済出来なくなっているんです。「奨学金」といっても「借金」にかわりはないのですから，借りるのには相当勇気が必要です。「卒業後，ちゃんと就職出来るか」「就職して，返済出来るだけのお給料はもらえるのか」「就職した会社はつぶれないか」「結婚して子供が生まれて，会社を辞めることになったら返済は大丈夫か」などなど心配の種は尽きないはずです。さて根本的な質問ですが，なぜ奨学金を借りるのですか？
【生徒】　家にお金の余裕がない
【生徒】　親に反対されても進学したから

【生徒】 自分のことについての費用は自分で出したいから

[先生] 「進学したいけどお金が足りない」が一番大きいでしょうね。では，なぜ進学のためのお金が足りないのでしょうか？

　日本の大学などは学費が高いのでしょうか。私立は高いけれど国立は安いですって？　いやいや結構かかりますよ。1年目は，授業料が約54万円，入学金が約28万円で，合計82～83万円かかります。外国はというと，アメリカの州立大学が6500ドルですから60万円ほど，ドイツやフランスはただです。え？　知らなかったんですか？　北欧も含めてヨーロッパは学費が無料のところがほとんどなんですよ？　イギリスはかつてはただだったんですが，財政難からいまは9000ポンド（約140万円）らしいです。いずれにせよ，日本の大学は，先進国の中でも授業料は高い方なんです。だから奨学金を借りるんですね。

　ここで考えて欲しいことが2点あります。なぜ日本は授業料が高いのかという点と，なぜ返さなくてはならないのかという点です。

　どこの国の大学も，国からの補助金などが収入や運営費の大部分を占めています。日本は国家の財政難のため，大学への補助金が年々減っているんです。そのため授業料などが値上がりしています。35年ほど前は，国立大学の授業料は年間1万2千円でした。物価の問題もありますが，驚きますね。今後20年ほどで国立大学の授業料は90万円になるという統計もあります。また，財政難を理由として，国レベルの公的な「給付型奨学金（＝返済しないでよい奨学金）」はありません。

　どうですか？　教育というのは「国家100年の根本」だというのに，なぜ国はお金を出さないのでしょうか？　そうです。その予算の使い道を決めるのは，私たちが選んだ議員たちなのです。その議員たちが，若者向けの政策を打ち出さないのです。え？　その理由ですか？　答えは「選挙に行くかどうか」です。

2. 投票に行かないと損をする？

まとめ 5分　スライド⑫を使用

[先生]　2014年の衆議院議員選挙では，20歳代が約389万票，60歳代が約1254万票投票しました。あなたが立候補者ならば，どちらの世代に有利な政策を提案しますか？　そうでしょうねえ，お年寄りの政策，具体的には「借金してでも年金は減らしません」とか，「老人ホームを作ります」とか，「収入の少ないお年寄りに10万円の商品券をプレゼント」などを訴えたくなりませんか？間違っても「年金を減らして，そのういた分で高校の授業料をただにします」とか，「老人ホームの建設を取りやめて，保育所の建設を行います」などと言わないですよね。たしかに，少子高齢化で若者の数は減っています。はじめにお話ししたように，20歳代が「1268万人」なのに対し，60歳代は「1836万人」です。実に「1.45倍」でしたね。でも，投票数が違う決定的な要因は，投票率なんです。2014年の衆院選では，20歳代の投票率が32.58％だったのに対し，60歳代は68.28％でした。2倍以上の差があります。その結果なんです。

　さてこれで分かったと思いますが，立候補者や議員に，若者向けの政策，例えば「国立大学への補助金を増やそう」とか，「給付型奨学金制度を発足させよう」などを提案させるためには，若者の方を振り向かせなくてはならないのです。つまり，投票に行くことです。え？　若者は数が少ないから，そもそも不利ですって？　ですから，20歳代に18歳，19歳に応援に入ってもらうんです。そして，60歳代と同じ「68％台の投票率」にすると，なんと約1030万票になります。これだと，立候補者や議員たちは若者の声を無視できなくなるはずです。

　結論です。あなたの一票の影響力は小さいかもしれませんが，高校生も含めた若者が投票に行き，「数の論理」が働くと，大きな発言力が生まれるのです。ですから，「投票したい候補者や政党がないから」といって棄権するのではなく，少なくとも「白

票」であっても,投票しに足を運ぶべきだと思います。

スライド⑫
結論！
→あなたの一票の影響力は小さいかもしれませんが,高校生も含めた若者が投票に行き,「数の論理」が働くと,大きな発言力となっていくのです。

[**先生**] さて,ここまでが「投票に行かないと損をする？」との問いに対する答えです。どうでしょうか？ 選挙に行かないと「損をする」ことは理解出来ましたか？ 絶対に投票に行って下さいね！その時には必ず友達も連れて行って下さい！

2．投票に行かないと損をする？

> COLUMN

　少し時間が余った場合は，選挙に関するクイズを使って，基本的な選挙の作法を確認しましょう。

Ｑ１：税金を払っていない人には，選挙権はない？
　　　Ａ１：選挙権は権利ですから，納税に関係なくすべての満18歳以上の日本国民にあります。

Ｑ２：投票所に何を持っていくのですか？
　　　Ａ２：投票所入場整理券です。

Ｑ３：選挙当日になっても「選挙に来て下さい」のハガキ＝「投票所入場整理券」が来ないので，投票に行けない？
　　　Ａ３：投票所入場整理券は原則として「世帯」ごとに来ますので，保護者への連絡と一緒になっています。また，ハガキがなくても身分証明書などを持って行くと投票できます。

Ｑ４：投票日当日，友人達とディズニーランドに行く予定が入っている。「遊び」が理由だと期日前投票は出来ない？
　　　Ａ４：期日前投票は，「仕事」など以外にも「レジャー」などの理由でも出来ます。公示又は告示日の翌日から選挙前日まで行うことが出来ます。

Ｑ５：住民票は実家ですがいま下宿しています。いま住んでいるところで投票はできないのですか？
　　　Ａ５：住民票のある選挙区での選挙権はありますが，住民登録していない地域での選挙権はありません。当該選挙の告示日の前日の３か月前までに住民票を移動させておく必要があります。

Ｑ６：誰に投票するかなどは，誰かと相談してもよいのですか？
　　　Ａ６：保護者，友人などと相談することはＯＫです。ただし，最後は自分の意思で投票先を決めてください！

明日への授業 LIVE
3．特別支援学校での主権者教育

　18歳選挙権となり，高等学校と同じように，特別支援学校にも選挙権を持つ高校生（高等部の生徒）が生まれることになりました。これまで，特別支援学校の「主権者教育」は，あまり議論されてきませんでした。今回，千葉県立桜が丘特別支援学校で行われた選挙管理委員会の出前授業などを見学させてもらうことができました。それらの授業の反省などや，同校の森裕紀子先生からのアドバイスをもとに，「特別支援学校での主権者教育」を提案したいと思います。また，基本的に保護者も参観していることが前提となります。多くのご批判・ご意見をお待ちしています。

授業のコンセプト

（1）授業の目標
　①生徒：特別支援学校の生徒は真面目な生徒が多い。そのような真面目な生徒に選挙の意義を理解してもらい，生徒自身が「投票に行こう」という気持ちになるよう動機付けを行う。また，投票を模擬体験させるなどして，投票所などでパニックを起こさないようにする。
　②保護者：特別支援学校の生徒は，投票へは保護者と一緒に行くことが多いと考えられる。生徒が投票するに当たり，保護者はどのようなサポートができるのか，疑問を解決してもらうと同時に投票へのハードルを下げる。同時に，選挙サポートのマニュアルを作成したい。

（2）教材作成の前提
　①身体に障害を持った生徒だけでなく，知的な障害を併せもった生徒が多く在籍していることに留意する。
　②視覚に訴える教材や体験型の教材が効果的である。また，ゲームやクイズを取り入れるなど，楽しい雰囲気の授業にする。
　③「筆記が難しい生徒」「言葉で意思表示することが難しい生徒」もいるこ

とを前提に，投票に際して保護者などのサポートは必要だが，本人の意思に忠実に投票できるよう工夫を取り入れる。

（3）外部との連携
①投票当日は，生徒は保護者と投票所に行くことが多いと考えられるので，保護者の参観をお願いしたい。
②選挙管理委員会と連携し，実際の選挙時と同じ投票用紙の交付などをお願いすると同時に，衝立や投票箱，投票用紙の準備をお願いしておく。

導入　10分　スライド①使用

＊3学年集会を体育館で行う設定です。前にプロジェクターとスクリーンが設置されており，生徒たちはその前に座ったりしています。その後方には保護者が参観しています。

[先生]　さてみなさん，2016年の参議院選挙から，選挙権の年齢が18歳以上になりました。みなさんの中にはすでに18歳になっている人もいるはずです。

スライド①

2016年から，選挙は

18歳からできるようになった。

[先生]　今日の授業は，皆さんに投票の方法を理解してもらい，選挙に行って困らないようになってもらうことを目指しています。よく聞いて，体験などをしてください。

　さて，どうして「18歳」になったのか，どのように投票するのか，いろいろ疑問があると思いますが，まずはこのビデオを見

てください。

総務省作成「選挙の変」（総務省ＨＰからアクセスできます）
https://www.youtube.com/watch?v=JPJL8T0Dpr0
…ビデオを視聴する（約８分）…

展開１　15分　スライド②，③，④，⑤使用

[先生]　どうですか？　選挙といっても，これまで皆さんが経験してきた「生徒会役員選挙」に近いものだということを分かってもらえましたか？　でも，生徒会選挙と違うこともたくさんあります。そこで選挙の当日，慌てないように，ちょっと練習してみましょう。

さて，選挙には何を持って行ったらよいのでしょうか？

スライド②
投票所に持って行くもの，
投票所入場整理券を切って持って行く

[先生]　そうです。投票所に入るとき「投票所入場整理券」が必要です。これは，事前に皆さんのご家庭に郵送されてきています。「一家に１つのハガキ」ですから，自分の分を切り取って持って行きます。

このようなハガキが来ますので，自分の名前のところを「チョッキン」と切り取ります。できる人は，配付してある「入場整理券」を切り取ってください。それが難しい人は，前を見てください。このように「チョッキン」と切ります。

(注) 生徒には，「投票所入場整理券」を印刷して配付しておき，切り取れ

る生徒にはそれを切り取らせる。切り取りができない生徒には，投票所入場整理券を「模造紙大」に拡大したものを，生徒の前で授業者が切って実演する（ハサミも大きいものが望ましい）。

[先生] さて，自分の名前が印刷してある「投票所入場整理券」を持ちましたか？ それを持って投票所に行きます。投票時間は，午前7時から午後8時までです。家の近くの学校や公民館などが投票所です。

スライド③
投票時間は，
午前7時から午後8時まで

[先生] 投票所に着いたら，いま切り取った「投票所入場整理券」を渡します。その後，投票用紙をもらいます。そして衝立のあるところに行って，自分が選んだ候補者の「名前」を書いたり，「政党名」を書きます。立候補者の「名前」や「政党名」は，衝立に行くと，前に「立候補している人の名前や政党の名前」が書いてあるので，そこから選んで書き写します。書き終わったら，投票箱に入れます。同じことを，だいたいの選挙では2回行います。

この流れをまとめると，次のようになります。

スライド④
～投票の仕方～

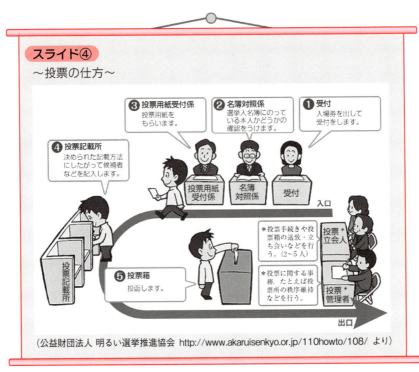

（公益財団法人 明るい選挙推進協会 http://www.akaruisenkyo.or.jp/110howto/108/ より）

[先生] では，実際に体験してみてもらいたいと思いますが，その前に，サポートしていただく先生方や保護者の皆様からの質問に答えたいと思います。

スライド⑤

Q1 投票所は，車椅子などでは入れますか？
　A1 入れます。投票所入口には段差をなくすスロープが設置されています。あらかじめ連絡しておけば車椅子も用意してくれます。

Q2 保護者は，どこまで手伝って入れますか？
　A2 家族や介助者が選挙人と一緒に投票所に入場することはできます。ただし，投票を手伝ったりすることはできません。車いすなど介助が必要な場合は，投票所の係員にお話しください。お手伝いします。

Q3 話せない生徒への配慮はありますか？
　A3 投票所には筆談用のホワイトボードや指でさして言いたいことが伝えられるコミュニケーションボードが置かれています。

Q4 鉛筆を握れない生徒への配慮はありますか？
　A4 代理投票制度がありますので，あなたに代わって書いてくれる係員がいます。代理で書けるのは指定された係員のみなので，家族や介助者は行えません。

Q5 目が不自由なのですが，投票できますか？
　A5 目の不自由な方のために，点字用の投票用紙や点字器を用意しています。点字器が使えない方には，代理投票制度があります。

Q6 車椅子なのですが，投票用紙を書く台は立って書く台ですか？
　A6 車椅子のままで記入できる記載台も用意されています。

Q7 代理での記入ができるのならば，「こちらでいい？」と代理人が聞いて記入してもよいですか？
　A7 自由投票に違反するので，してはいけません。

Q8 候補者の顔写真を投票所に持っていって，それを見ながら投票してもよいのですか？
　A8 メモや写真，選挙公報を持って投票することが出来ます。

Q9 肢体不自由があるため在宅での投票は出来ますか？
　A9 障害などで直接投票所に行けない人のために，在宅のまま投票できる「郵便等による不在者投票制度」があります。詳しくは，選挙管理委員会に問い合わせてください。

[先生]　よくいただく質問にお答えしましたが，他に質問はありますか？
　　　　　ないようでしたら，実際に体験してみましょう。

(注)　生徒数が時間内で体験できる人数の場合は，全員に体験してもらう（ただし衆議院の「選挙区」と「比例区」の２回は時間的に難しいかもしれない）。人数が多くで難しい場合は，代表者に体験してもらうが，異なる障害をもつ複数の生徒に体験してもらいたい。またその場合は，体験できない生徒に「本物の投票用紙」を持たせ，自分の席でよいので，「この用紙に記入する」ことを体験させる。

展開２　15分　模擬投票

[先生]　投票の体験ができる生徒さんは，前に来てください。先ほど少し話しましたが，皆さんの「生徒会選挙」と似ています。手順や名前を書くところなど，違うところもありますので戸惑うかもしれません。係の人が丁寧に説明してくれますので，分からないことがあれば何でも質問してください。サポートしている先生方も同様です。また実際の選挙では，保護者の方が投票所の中までつきそうと思いますので，どうぞ保護者の方も前に来て見学してください。

(注)　特別支援学校での授業は，概ね学年単位だと想定できる。学校規模によるが，学年の生徒数を30名程度とすると，全員に模擬投票を経験させたい。投票に慣れることによって，投票当日，パニック等を起こすことを少しでも防げると考えられるからである。同時に，選挙当日，生徒は保護者と一緒に投票所に行くと考えられるので，保護者にも投票の流れの確認や想定される障害の確認などをしてもらう。

（模擬投票終了後）

まとめ　10分　スライド⑥使用

[先生]　皆さん，投票の流れは確認できましたか？　投票日は，この手順で投票を行ってください。何か質問や困ったことはないかな？
　　　　　無いようでしたら，最後にクイズ大会を行いたいと思います。

(注)　時間や障害の程度によって，選択して「クイズ大会」を開いてくださ

3．特別支援学校での主権者教育

い。楽しい雰囲気で授業を終了させていただきたいと思います。

スライド⑥

Q1　もし，まちがえて投票用紙の裏に候補者名を書いて，投票箱に入れてしまったら？

　　①なにも書いていない票として無効となる。
　　②きちんと読めれば有効となる。
　　③投票自体が無かったものとなる。

［正解　②　］

Q2　投票する前に，誰かと相談してもよい？
　　A2　相談してもよいですが，最後は自分で考えて投票しましょう。

Q3　指が動かなかったりして，字を書けないのですが投票できますか？
　　A3　投票用紙に自分で書けない場合には，あなたに代わって書いてくれる係員がいます。

Q4　代わって書いてくれるのは，お父さんやお母さんではいけないのですか？
　　A4　代理で書けるのは，指定された係員のみです。ご家族や介助者は行うことができず，投票を誘導するようなことも一切できません。

Q5　投票日当日に用事があって投票できないときはどうしたらよいですか？
　　A5　期日前投票という制度があります。各区ごとに2か所の期日前投票所を設置していますので，そこで投票日の前に投票することができます。基本は午前8時30分から午後8時まで投票ができますが，施設によって始まりの時間が異なりますので注意してください。

Q6 いつも支援してくれている議員から、妹の入学祝としてお花が送られてきました。妹は16歳で選挙権がないので、もらってもいいのでしょうか？

A6 政治家（現職の政治家や候補者、これから立候補しようとしている人）が、選挙区内の人などに対して寄附をすることは、その時期や理由がどのようなものであっても禁止されており、罰則の対象となります。また、有権者が政治家に対し、寄附を要求することも禁止されています。

［正解　×　］

Q7 投票する人を忘れないように、候補者名を書いたメモを持って投票所に行ってもいいのでしょうか？

A7 投票所に自分自身が忘れないためにメモを持ち込むことは特に問題はありませんが、投票所内でメモを読み上げたり、他人の投票に干渉する行為をすることはできません。

［正解　○　］

Q8 18歳になりました。候補者の応援のために、インターネットにのっている候補者の画像を印刷して友達に配布してもいいですか？

A8 インターネットにある候補者の画像をブログ等に掲載することは選挙運動として行えますが、これをプリントアウトして配布したり、掲示したりすることはできません。

［正解　×　］

> **Q9** 私は，○○くんの成年後見人です。○○くんはどの候補者に投票するのか判断できないので，普段から大変お世話になっている候補者に入れるようメモを渡してもいいですか？
> **A9** 選挙人が投票についての意思表示ができない場合には，選挙権があっても投票をすることはできません。これは代理投票も同じです。たとえ，成年後見人であっても，投票を誘導するようなことをしてはいけません。なお，候補者名が書かれたメモを渡す行為は選挙運動にあたる恐れがあるので注意が必要です。
>
> ［正解　×　］

［**先生**］　以上で，本日の「主権者教育」の授業は終了です。投票は国民の権利です。皆さんもきちんとこの権利を使ってください。

終わりに ―「18歳選挙権」となって―

　ここまで，先生方が困っているであろうことや，高校生が持つであろう「疑問」などに答えてきました。だいたい皆さんの疑問に答えられたでしょうか？

　最後に「日本の民主主義発展への期待」と，私の卒業生からの「伝言」にお付き合い下さい。ここからの文章は，先生方の授業の「終わり」などに，生徒たちに語りかけていただき，全体のまとめとして使っていただければ望外の喜びです。

（1）日本の民主主義発展への期待

　アメリカの公民権運動の指導者であったキング牧師の有名な演説に「マイドリーム」があります。英語の教科書にも載っているようですね。私はキング牧師ほど見識は高くありませんが，ここでは同じように「夢」を語りたいと思います。

　「18歳選挙権」は，日本の民主主義を変えていく可能性があります。第1編のQ1や第2編のQ2で示した，1967年から2014年までの衆議院選挙の年代別投票率の推移を見てみますと，確かに20歳代の投票率は低下していますが（34.11％），それ以上に30歳代の投票率は低下していますし（35.89％），40歳代の低下率（32.09％）も20歳代とあまり変わりません。つまり，この約50年間にわたり，日本の投票率は全体的に低下し続けてきたのです。この投票率の低下現象は，「日本の民主主義の危機」と言ってよいと思います。では，なぜこのような投票率の低下が続いてきたのでしょうか？　いろいろな原因が考えられますが，一番の原因は，学校でも，会社でも，家庭でも「現実の政治の話をしなくなった」からかもしれません。政治の話をしようとすると，その場で「空気の読めないやつ」「堅苦しいやつ」という雰囲気になりませんか？　そうなのです，そのような風潮が政治的関心を低下させ，投票に行かない主権者（＝国民）を育ててきたのです。

　さて，ついに「18歳選挙権」になりました。高校で現代社会や政治・経済の授業の他に「主権者教育」を受けてから，投票に行く若者が生まれるのです。高校生の皆さんは自信を持って投票に行って下さい（先生方も，自信を持って送り出してください）。最初の選挙は，マスコミでも注目され，高校生たちも相当意識している

ので，若者の投票率は上がると思います。その次の選挙にも，その次の次の選挙にも，高校生の皆さんは必ず行って下さい。私や学校の先生方は，あなたたちの次の世代にも一生懸命「主権者教育」を行い，また高い投票率を実現していきたいと思います。ですからきっと，次の世代も投票率が上がると思います。そうすれば若者の投票率は上がっていきます。それがどんどん続いていって……，やがて何十年か後，1967年当時と同じ，「平均投票率70％台」の時代がやってくるはずです。今回の選挙はまさしくその試金石，第一歩です。投票については悩みや戸惑いもあるでしょうが，まず投票所に足を運ぶことを期待しています。

（2）卒業生からの伝言

　私のところに遊びに来た卒業生が，次のようなお願いをしてきました。「先生，後輩たちには『一番最初の選挙にいくことが肝心だ』と伝えて下さい。」と言うので，私が「なぜ？」と聞くと，「その理由は，初めての選挙に行くと，その次の選挙でも『前回も行ったから今回も行こう』と思うことが多いのですが，最初の選挙をサボると『前回も行かなかったから今回もいいや』と思ってしまうことが多いんです。ですから後輩たちを是非，最初の投票に行かせるよう，この話をしてやって下さい。」というものでした。

　投票とは，日本の将来を決める政治行動です。この本を活用して，現場の先生たちには「主権者教育」のはじめの一歩を踏み出していただきたいと思います。同時に，高校生たちには「現実の政治や経済」への興味関心をさらに広げ，政治行動につなげていってほしいと願っています。それが続いていくと……。私は，30年後の日本に期待を寄せたいと思います。

　先生方，高校生の皆さん，どうぞはじめの一歩を踏み出してください！！

■著者　藤井　剛（ふじい　つよし）
1958年生まれ。1983年から千葉県の公立高校教員（主に政治・経済を担当）として，市川東高校，稲毛高校，千葉高校，千葉工業高校（定時制）の4校に勤務し，2015年4月より現職。ＮＩＥ，法教育，主権者教育，放送・視聴覚教育などを主な研究分野とし，ＮＩＥアドバイザーなどを勤めた。2015年に全国の高校生に配付された「主権者教育のための副教材『私たちが拓く　日本の未来』（総務省・文部科学省）の作成協力者。主著は，「詳説政治・経済研究」（単著，山川出版社），「入門　社会・地歴・公民科教育」（共著，梓出版社），「とっておき授業ＬＩＶＥ集」（共著，清水書院）などがある。

■参考文献
1）書籍
　　＊「主権者教育」は始まったばかりで，参考文献はほとんどないといってよい。
　　　以下の2冊は参考にさせていただいた。
『シティズンシップ教育のすすめ』（杉浦真理著，法律文化社，2013年）
『18歳からの選挙　Ｑ＆Ａ』（全国民主主義教育研究会編，同時代社，2015年）
2）参考資料
「主権者教育のための副教材『私たちが拓く　日本の未来』」（総務省・文部科学省，2015年）
「主権者教育のための副教材『私たちが拓く　日本の未来』活用のための指導資料」（総務省・文部科学省，2015年）
「『常時啓発事業のあり方等研究会』最終報告書」（総務省，2012年）
「Ｖｏｔｅｒｓ」（明るい選挙推進協会，毎月発行）
「もうすぐ有権者！高校生3万人アンケート」（宮崎県選挙管理委員会，2015年）
「高等学校等における政治的教養の教育と高等学校等の生徒による政治的活動等について（通知）」（文科省，2015年10月）
「『高等学校等における政治的教養の教育と高等学校等の生徒による政治的活動等について（通知）』に関するQ&A（生徒指導関係）」（文科省，2016年1月）

18歳選挙権に向けて
主権者教育のすすめ　先生・生徒の疑問にすべてお答えします

2016年　6月25日　初版発行

著　者	藤井　剛（ふじい　つよし）
発行者	渡部　哲治
発行所	株式会社　清水書院
	〒102-0072　東京都千代田区飯田橋3-11-6
	電話　03-(5213)-7151
印刷所	広研印刷 株式会社
製本所	広研印刷 株式会社

定価はカバーに表示

●落丁・乱丁本はお取り替えいたします。

本書の無断複写は著作権法上での例外を除き禁じられています。複写される場合は，そのつど事前に，（社）出版者著作権管理機構（電話 03-3513-6969，FAX03-3513-6979，e-mail：info@jcopy.or.jp）の許諾を得てください。

ISBN 978-4-389-22582-7 C0031　　　　　　　　　　　　　　　　Printed in Japan